現代語訳

従軍日録

—幕末、紀州の漢学者が歩いた四十八日間—

川合 梅所 著

山崎 浩 訳・註

文芸社

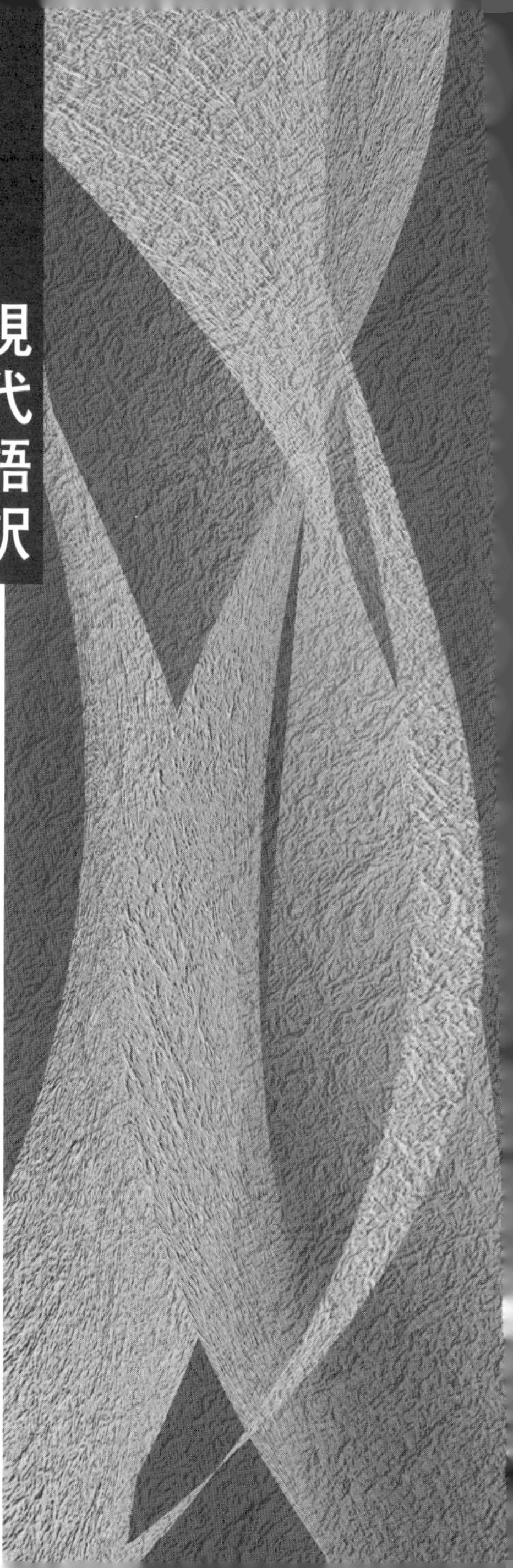

現代語訳

従軍日録

——幕末、紀州の漢学者が歩いた四十八日間——

まえがき

島崎藤村は著書「夜明け前」の中である事件についてこう述べています。

「闇(やみ)の空を貫く光のように高くひらめいて、やがて消えて行ったこの出来事は、名状しがたい暗示を多くの人の心に残した。」

西欧列強に押し切られて不平等条約を結び、開港を受け入れた幕府の態度に、このままでは日本が危ないという危機感・不安感が全国に蔓延していた時、そうした国を憂える心を揺さぶったこの事件は、天誅組の乱と呼ばれています。

幕末の文久三年（西暦一八六三年）八月、徳川幕府を倒して天皇の親政を実現しようとする、いわゆる尊王攘夷の志士たちが、組織的実力行使をしました。この志士たちの集団を世間は天誅組と呼びました。天誅組は、奈良県南部の幕府直轄領を支配していた五條の代官所を襲い、代官以下五人を殺害し、以後天皇の領地であると宣言しました。実は数日前、天皇自身が倒幕に乗り出す宣言をしたので、その先駆けとなろうとしたのです。ところが代官所襲撃の翌日に、朝廷でいわゆる公武合体派によるクーデターが起き、天皇親征による倒幕計画は中止になります。そのうえ、天誅組は暴徒であるとし、征討するようにとの命令が、天皇からも幕府からも近隣の各藩に下りました。

これに応じて、紀州藩も部隊を出しましたが、その一つの部隊に、川合梅所という学者が従軍を命じられました。彼は、この従軍生活を毎日のように記録しました。文久三年八月十八日から同年十月六日まで四十八日間の経験を書いた「従軍日録」と題する日記です。川合梅所は、このころ、紀州藩の藩校である学習館の督学、つまり校長でした。紀州藩の藩士の子弟を教育する立場にあり、一方、儒学の祖である孔子の文書を注解した朱子の文書を長年研究してきた学者でした。したがって当時の教養ある者がそうしたように、漢文でこの日記を書いています。

今回は、この従軍日録を現代文に翻訳してみました。原文の香りを残すため漢文ならではの言葉で訳文中に残したものもありますが、註で解説しました。それ以外にも註はできるだけ多く挿入して、楽に読んでいただけるよう努めました。そのため一つ一つの註は、簡単な内容にとどまります。詳細は、読者の研究にゆだねます。

川合梅所自筆の原本の所在は残念ながら不明ですが、その写本を川合梅所の曽孫にあたる志賀裕治(ひろはる)氏が受け継いでおられ、昭和四十一年、同氏は、この写本を複製して和歌山県立図書館はじめ、親類縁者に贈呈されました。その後、同氏は、この漢文を書き下し文にしたものを、「従軍日録　天誅組　川合梅所」のタイトルで、昭和五十七年に和歌山市の宮井平安堂から出版されました。これらは梅所の孫（志賀氏の叔母にあたる）平野春栄さんにも贈られました。これが形見分けで春栄さんの孫である私の妻充子に渡り、現在私の手元にあります。

関連事項を、付録としてまとめました。ご参照ください。従軍日録を読まれる前に付録1の川合梅所の生涯を一読されることをお勧めします。

目次

・日付の下のカッコ内は西暦の日付です。訳者が付記しました。
・一方、地の文の中のカッコは、原文の割注を訳したもので川合梅所が書いたものです。

現代語訳　従軍日録

文久三年癸亥[1]の秋八月十八日[2]、国老[3]の水野大夫（俗称は多聞）[4]は、命令を受けて主将となり、浪華の伝法砲台[5]を警備することとなった[6]。至急軍備を整えた。部下の精兵はおよそ五百人である。和歌山藩は、常時軍隊を三つの部隊に分け、事変に応じて派遣する。現在大夫が指揮しているのは二の手の部隊である。

十八日夜二時ごろ、使者が門を叩いて軍に参加するよう命じる文書を届けに来た。私と保田良蔵[7]は儒学者[8]として参軍を求められたものである。あわただしく旅の支度をし、明けて十九日朝に和歌山を発った。

大夫は鎧を着せた馬に乗り、鞭を挙げて指揮していた。その号令はおごそかで、将兵は皆畏れ従っている。反対するものもなく、徹夜の行軍を続ける。私は以前から足が弱く、山口駅[9]に着いた頃には足が大分痛くなったので竹の輿を雇い走らせた。道中かごかき人夫と話をした。

山中駅[10]に着くころは、日が暮れて真っ暗である。灯火数百筒が径を照らして進む。信達[11]の駅で腰の弁当を食べ、空腹を満たした。また、道を急いで貝塚[12]の駅に着いた。夜は更けてすでに午前二時ごろである。旅兵はここで小休止をとり、食事をする。ここで竹輿を降り、ゆっくり歩いて行く。

岸和田城[13]を過ぎてから東の空が明るくなったので、左右の景色を見ながら歌をうたって進んだ。

堺[14]に着いて朝食をとる。ここからは隊列をそろえ、身なりを整えて行進する。天下茶屋[15]でお茶[16]と果物で一休みする。住吉[17]を遥拝して通過する。

午後二時ごろ、浪華に到着し、幸橋にて投宿する。水際に紀州の官舎[18]があり、大夫はここに入った。私と軍師[19]の小倉惣兵衛、橋爪武之助、軍具師の今木義平次、それに保田が南堀江橋通りの魚虎という店に泊めてもらうことになった。この店の別室には、小普請郎長[20]の九鬼四郎兵衛[21]とその部下も泊まった。夜、水野大夫に会い、挨拶して帰り、風呂を浴び良く寝(やす)んだ。

1　文久三年は西暦一八六三年にあたる。癸亥は、いわゆる干支（えと）の「みずのとい」。
2　八月十八日は西暦九月三十日にあたる。西暦八月七日ごろの立秋から、十一月七日ごろの立冬までが「秋」であり、したがって「秋八月十八日」と書いている。
3　国老（こくろう）：国家老（くにがろう）ともいう。大名の家臣のうち最高位の者を家老という。江戸藩邸（藩主が参勤交代で江戸詰めの間居住する屋敷、妻子は常時ここに住んだ）に駐在する家老を江戸家老と呼び、国元に居る家老を国家老という。
4　水野大夫：水野多聞（たもん）年齢不詳。二十人ほど居た家老の一人。三千石取。大夫は、位階が五位の人の通称である。紀州徳川家創立の時に幕府が指名したいわゆる付家老（つけがろう）の水野家（新宮城と三万五千石を与えられていた）三代目重上の弟重孟が紀州藩の家老にとりたてられたのが水野多聞家の始まり。

5 伝法砲台（でんぽうほうだい）：幕府は安政三年（一八五六年）七月十八日、大阪城代土屋寅直（ともなお）に命じて、安治川・木津川の両川口に台場四カ所の築造を命じた。安治川は、現在の淀川で、河口部分を当時伝法川と呼び、北岸に北伝法村、南岸に南伝法村があった。今も淀川の新伝法大橋の南岸の一帯は伝法一丁目から伝法六丁目である。その河口南岸に築かれた台場の一つが伝法砲台である。当時紀州藩が運用を担当していた。一九九二年三月四日、私は伝法五丁目にある伝法山西念寺を訪ね、当時八十四歳の方に伝法砲台について訊ねたところ「六歳の頃、南岸の堤防に沿って二キロメートルほど下流に、四角い盛土があり砲台と呼んでいた。今は盛土もなく、当時からの墓石が一つ立っている」とのことであった。

6 砲台の警備：幕府はこの前日の八月十七日、摂海（今の大阪湾）警備の担当を、岡山藩から紀州藩に替える命令を出した。十二日鎖港を決し、外国との戦争に備える処置の一環である。

7 保田良蔵（もちだりょうぞう）：文久紀士鑑（きしかがみ）によると、梅所と共に、「儒者ならびに学習館勤」という部類に入っていて、役は「授読助」とある。今の助教授というところか。給料は「十石御足（おたし）三石銀三枚」。

8 儒学（じゅがく）：中国古来の政教一致の学。孔子が集大成した。
9 山口駅：和歌山城から北東三里にあった紀州街道（または大阪街道）の最初の宿駅。駅とは、人、もの、手紙などをリレーして送るために、飛脚、伝馬（てんま：宿駅に置いて公用に供した馬）などを用意してある中継所兼宿泊所で、家康によって制度化された。「駅伝制」という。山口駅は里村と呼ばれた村にあり、伝馬二十七頭を持っていた。
10 山中駅：山中宿。南北朝時代に関所が置かれ、江戸時代は宿駅。紀泉山脈を越える雄の山（おのやま）峠を挟んで山口駅の反対側にあたる。山中川沿いの、文字通り山の中の村落。
11 信達（しんだち）：中世、摂関家領の信達の庄に信達宿が発達した。主として熊野神社に詣でる旅人のための宿場である。
12 貝塚（かいづか）：天正十五年（一五八七年）浄土真宗本願寺派の願泉寺が建てられ、寺領として発達した町。
13 岸和田城（きしわだじょう）：天正十年（一五八二年）秀吉の臣、中村一氏が築いた。一六四〇年以降、岸和田藩の岡部氏の居城。岸和田藩は譜代。五万八千石。
14 堺：自治権を持った自由都市として商業が発達し栄えていた。四日前の八月十五日、天誅組が大和へ向かうためにここに上陸している。今も天誅組上陸の碑が建っている。
15 天下茶屋（てんがちゃや）：住吉街道の名所。この地に千利休の師、武野紹鷗（たけのじょうおう）の別荘があり、大阪城の秀吉が住吉参詣や、堺政所への往還に立ち寄り、茶の湯を楽しんだ場所。太閤秀吉の「殿下茶屋」が転訛したといわれる。

16 お茶：原文は「茗（みょう）」。これは草木の葉を煮出したものという。「摂津名所図会」や「浪華の賑ひ」によると江戸時代、天下茶屋では和中散という漢方の飲み物が名物で、梅所もこれを飲んだのであろう。和中散は秀吉が推奨したので全国的にはやっていた。

17 住吉（すみよし）：住吉大社のこと。全国の住吉神社の総本社。

18 紀州の官舎：幸橋の北西のたもとに紀州藩の屋敷があった。明治五年高台（たかきや）小学校となり、現在は市立堀江中学校。

19 軍師：主将に属して軍機をつかさどり、謀略をめぐらす人。

20 小普請郎長：「小普請支配」の中国風表現。小普請（こぶしん）は特に役のない旗本、御家人などの武士。

21 九鬼四郎兵衛：給料五百石の小普請支配。

浪
華
大阪城
（午後２時）
天保山
（4km）
天下茶屋
住吉神社
（7.5km）
湊
堺（朝食）
大
阪
湾
（16km）
（夜明け）
（2km）
岸和田城
貝塚
（20日 午前２時、食事、こし降りる）
（11km）
信達（弁当食べる）
（6km）
葛城山
三峯山
山中（夜に入る）
和
泉
山
脈
四石山 384m
（6km）
（雄の山峠）
山口（こしに乗る）
（12km）
紀ノ川
この先は
36頁地図
和歌山（19日朝出発）

図１　和歌山から浪華へ

八月二十一日（十月三日）

早朝、大夫は突然部下を率いて京都に発った。橋爪と保田がこれに従って発った。裨将[22]大番郎長[23]の木下次郎四郎[24]が砲台を守ることになり、その郎衆と私たちは大阪に止まり、その配下に入って警備する。

22 裨将（ひしょう）：裨は副という意味。
23 大番郎長（だいばんろうちょう）：番は交代で警備に当たること。江戸時代〇〇番という役が多数あった。郎は男子。梅所は、「大御番頭」と「大組」を中国風に大番郎長と書いている。
24 木下次郎四郎：役は「大組」の「御奏者番」。給料は九百石。

八月二十二日（十月四日）

早朝、小倉と今木が裨将に会って、大阪城[25]の見物をすることの許可を得た。それぞれ家僕[26]を従えて、路を道頓堀[27]に取って行く。東西に雑劇場[28]が有る。通りは大変にぎやかで、荷車を引く馬がいかりむせんでいる。家々は市をなしている。看板を見上げると、皆細かい糸の縫い取りで華麗を極めている。圧倒されて魂を奪われるようだ。

高津宮[29]に参詣する。高い石段を数百歩[30]も這い登って仁徳天皇の社に詣でた。堂宇は高くそびえて、垂木の木口は数尺[31]もある。天保山[32]が前にはっきり見える。戻って下る。

街路は右に左に曲がっている。ゆっくり歩いて見回しながら行く。寺街[33]から本街[34]を過ぎるとついに大阪城である。私は井の中の蛙で、初めて白壁を見た。まずその城郭の広大さに驚く。城壁が何層にも重なっている。やぐらは絵を見るようで、厳しさの中の整った優美を感じさせる。堀は深く、碧く洋々たる水面にさざ波が立っている。その壮観、その宏大、その輝き、とても人間業とは思われない。これほど堅固な城は、本当に金湯[35]の城だ。

私は小倉氏に語った。豊臣秀吉が権勢を極めたときには、天下を見下ろして、諸国の豪傑や俊英を従え、全国の土地を支配し、ここに基礎を立て、永久にこれが変わらないようにした。その卓見と雄大な志には誰しも感心する。それが三代を待たずに滅亡するのはなぜか。国を治める要点は徳にあり、けわしい城に頼るべきではない。しかし現在この国には多くの問題が起き、上から下まで変動の中にある。内乱はますますひどい。そうだとすると、この聖城はまことに幕府の第一の咽喉[36]である。

城の周りをゆっくり歩いて廻った。十里以上[37]ある。堀の外の広い草原に練兵場[38]があり、かたわらに定番衆[39]を記した標柱が立っている。ちょうど西洋隊[40]の演習をしていた。

天神橋に来た。もう昼ごろになったので、皆で茶屋に座り、腰の弁当を開いて空腹を満たした。そのあとで菅公の廟[41]に詣でた。市街は大変繁華で、人の往来が交錯している。片側に粉戯院本小説場[42]があり、三味線、鼓、拍子木などにぎやかである。人ごみの中を行き、座摩稲神[43]に来た。また雑戯諢語場[44]がある。足音がやかましい。花柳街を通ったらかえって静かだ。一人二人の娼婦をちょっと見かけたくらいである。ぶらぶらしながら人を観て客を選んでいる。

また往来の激しい大通りを曲がりながら行く。高麗橋[45]を過ぎると街も高麗の家が並ぶ。いろいろな貨物が輻輳している。ずっと並んだ家々の中に三井[46]という名の家がある。商売の達人である。横幅およそ三十楹[47]、たて若干楹という大変な広さだ。軒端に垂れ幕を張り、三井の字を染め印としている。絹布雑貨を売っている。一日中客が買いに来て混雑している。繁盛ぶりに誰もが感心している。

東本願寺[48]に来た。堂宇はきらきら輝き目を見張るばかり。西本願寺[49]も同じである。折から老人を集めて法談をしていたのでしばらく座って聞くことにした。講じている僧は絨毯の壇上から、大人と小人のことを雄弁にわかりやすく説き、分に応じて上に尽くせば、それが阿弥陀の意に適うと言う。聴衆は感涙を流して合掌三拝していた。私もまた冥加銭[50]（法談を聴き仏に金一封を供える時これを冥加銭と呼ぶ）[51]を投げて去った。

街の名をたどって帰ってきたときは日が傾いていた。私は足が遅く、前日までの疲れもあり、足が痛くなったので、一人になって帰ってきた。酒を一杯飲んでほろ酔いで床に就いた。[52]

25 大阪城：当時の大阪城は、江戸時代初期に松平忠明が再建し、一六一九年からは幕府の直轄領。金城あるいは錦城とも呼ぶ。これを預かって守る担当者を大阪城代と呼ぶ。

26 家僕（かぼく）：家の雑事をこなす使用人。武士は、家僕を複数雇う必要があり、外出するときは何人か必ず連れて出た。

27 道頓堀（どうとんぼり）：大阪市内の多数の堀の中で一番南にある堀。当時も今も演劇の盛んな所。

28 雑劇場（ざつげきじょう）：芝居小屋の中国語表現。

29 高津宮（こうづぐう）：仁徳天皇（五世紀）を祭る社。明治ごろまでは、ここからの眺望は大阪随一といわれ、「東海道中膝栗毛」で弥次、喜多も大阪を眺めている地。仁徳天皇の歌「たかやきに登りてみれば煙立つ民のかまどはにぎはいにけり」は、ここから見て詠んだといわれている。もと、仁徳天皇の皇居「高津宮（たかつのみや）」が大阪城付近にあったので、この社もそこにあったが、秀吉が大阪城を築く時、現在の場所に移した。

30 数百歩：社は周囲より六十メートルほど高いところにあるので、三百段近くあったであろう。

31 数尺：三尺前後を意味するであろう。現代日本の一尺は三十・三センチメートルだから、数尺は一メートル前後ということになるが、中国漢代の一尺は二十三・一センチメートルであった。これだと七十センチメートル前後だから現実的である。なお、梅所が見た社殿は空襲により焼失し、現在の社殿は再建したもの。

32 天保山（てんぽうざん）：天保二年（一八三一年）、町民の奉仕で安治川の川さらいをし、その際の土砂を盛り上げたもの。当初二十メートル位の高さで名所となったが、安政元年（一八五四年）、ロシア軍艦が現れ大騒ぎとなり、これを機に天保山に「目印山砲台」が築かれた。このとき山は削られ、梅所が遠望したときは、標高七メートルくらいだった。高津宮の正面（西の方）八キロメートル先にある。梅所が遠望した四年半後、明治天皇が天保山から観艦式を行っている。今は天保山公園の中。標高五メートルほど。

33 寺街（てらまち）：江戸時代、大阪の城下町を整備するにあたって寺を城の南に集めた。一時は二百の寺院、八万の墓碑があったという。

34 本街（ほんまち）：当時の寺街の西端近くからまっすぐ大阪城南西端の大手門まで北に向かう道を上本丁（うえほんまち）と言った、現在の上町筋で、今もこの道に沿って上本町、上本町西という町名が残る。梅所は中国風に本街と表記をかえたのであろう。

35 金湯（きんとう）：金城湯池（きんじょうとうち）の略。難攻不落なこと。

36 咽喉（いんこう）：のどという意味と大事な所という意味がある。ここでは、敵を防ぐ大事な拠点、かなめの地の意味でつかっている。梅所はこの後でも、天狗木を「高野山の咽喉である」と書いている。

37 十里以上：日本では、当時も一里は四キロメートルであるから、四十キロメートル以上ということになるが、これでは長すぎる。梅所は、漢文で書いているので中国の漢代の里で書いているらしい。漢代の一里は四百五メートルだから、十里は四キロメートルであり、実情に合う。

38 練兵場（れんぺいじょう）：現在の外堀の外に、また堀があった。その外に練兵場があったものと思われる。

39 定番（じょうばん）：大阪は幕府の直轄地であり、大阪城は幕府が任命した大阪城代が管理していた。定番は、この城代の配下に入って交代で城門その他の警護をする武士。大阪御定番、駿府御定番などと言った。一定期間任命されて務める者を定番、人数不足の時、定番を援けるため転勤してくる者を加番という。

40 西洋隊：徳川幕府は、鉄砲を使わず、刀と槍で戦うことを武士の基本として来たが、外国との戦争を意識して、八年前から鉄砲と大砲を使って戦う集団を育成していた。しかし武士には不評で、兵士が集まらないので、前年に、武士以外の者を雇うことにした。梅所が西洋隊と書いたのは、このような「幕府歩兵隊」であろう。

41 菅公の廟：天満宮のこと。菅原道真公を祀る。天暦三年（九四九年）村上天皇の勅願により創建された。度々火災にあっており、最後は大塩平八郎の乱で焼け、弘化二年（一八四五年）再建されたばかりである、これが空襲を免れ、現在も存続している。

42 粉戯院本小説場（ふんぎいんぽんしょうせつじょう）：歌舞伎の劇場であろう。粉はおしろい、戯は劇、院本は浄瑠璃本、小説は昔、中国で珍しい物語や出来事を書いた作品のこと。梅所は、中国人が読んでわかる漢文を書こうとしている。

43 座摩稲神（ざまとうじん）：いかすりじんじゃ、通称ざまじんじゃ。梅所は「座間」と書いているが「坐間」が正しい。神功皇后が宮城（きゅうじょう）の守護のため創建したとされ、住居守護、旅行守護、安産守護の神として信仰されている。梅所が参詣したのは、天神橋の南西にある坐間神社行宮の地であろう。ここは創建時からの旧鎮座地だが、大阪城築城の時移転させられ、現在坐間神社本宮は中央区久太郎町四丁目にある。

44 雑戯諢語場（ざつぎこんごじょう）：寄席のことであろう。雑戯は中国宋代の「雑劇」のことであろうし、諢は「たわむれる」という意味。

45 高麗橋（こうらいばし）：東横堀川にかかる天橋として一番北の橋。浪花百景之図「高麗橋」に「船場より上街（うえまち）にわたす浪花（なにわ）天橋の第一なり」とある。天橋は幕府が管理する橋。明治に入ると関西主要道路の起点とされた。東京の日本橋に相当する。

46 三井（みつい）：高麗橋の西、高麗橋一丁目は豪商三井家の本拠地であった。元禄元年に土地を買い同四年（一六九一年）に越後屋大阪店と両替屋を開店して以来、次第に周囲の土地を

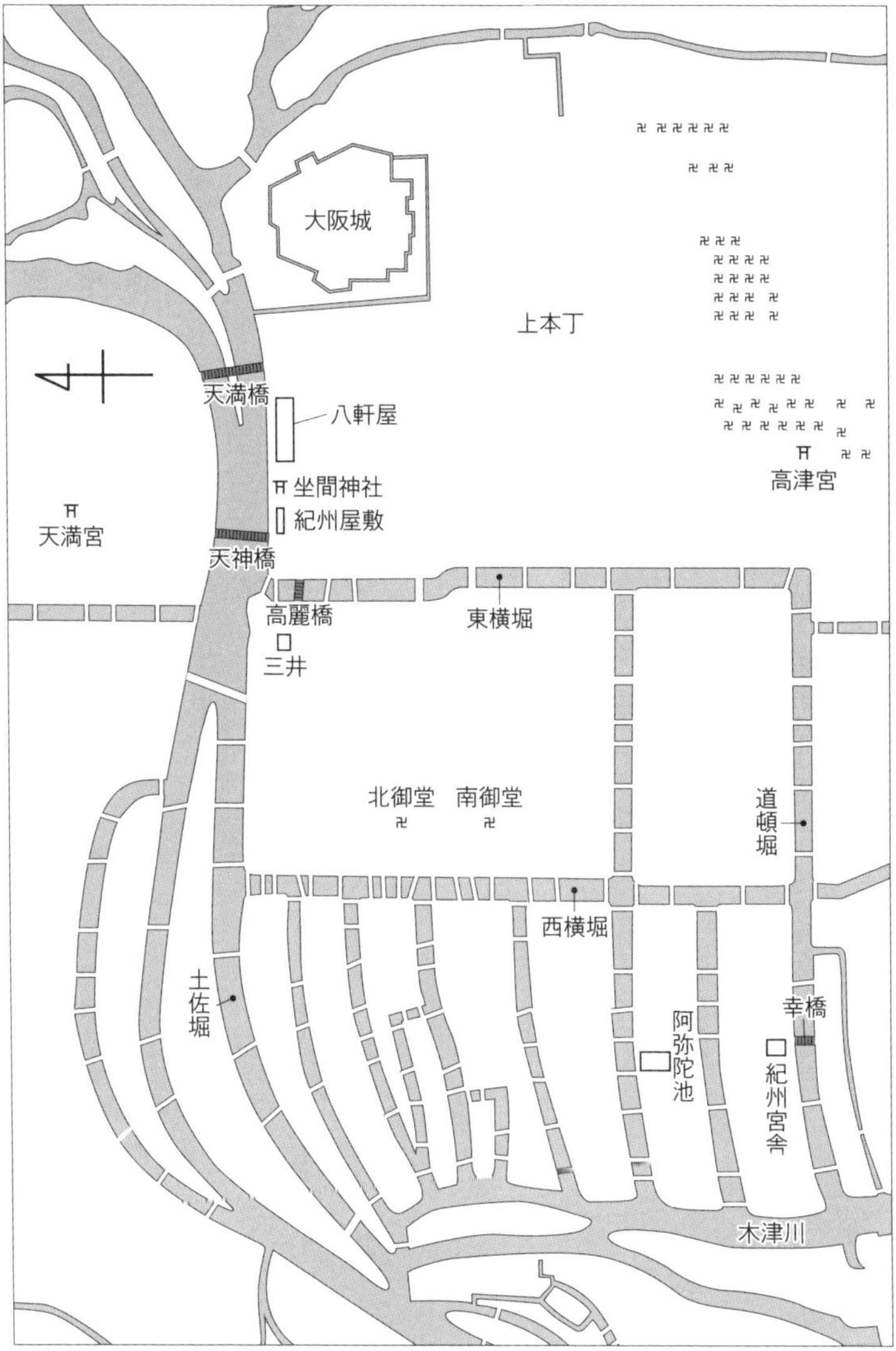
大阪城
上本丁
天満橋
八軒屋
坐間神社
紀州屋敷
高津宮
天満宮
天神橋
高麗橋
東横堀
三井
北御堂
南御堂
道頓堀
西横堀
土佐堀
幸橋
阿弥陀池
紀州宮舎
木津川

図2　大阪見物

買い、幕末には八百屋筋から堺筋の間の南側はほとんど三井家の所有であった。梅所が見たのは二十六年前に大塩平八郎の乱で全焼したあと建て直された店である。明治になってから、三井呉服店、三越呉服店をへて三越百貨店となったが、二〇〇五年に閉店した。今でも北側には両替屋から発展した三井住友銀行がある。

47 楹（えい）：正面にある天井と床の間にはった太い柱。

48 東本願寺：真宗大谷派難波別院、いわゆる南御堂（みなみみどう）。慶長三年（一五九八年）に浄土真宗本願寺十二世の教如（きょうにょ）が建立。

49 西本願寺：本願寺津村別院、いわゆる北御堂（きたみどう）。慶長二年（一五九七年）に本願寺派十二世の准如（じゅんにょ）が創建。京都の西本願寺が本山。梅所は北から歩いてきたはずだが、記述の順序が逆になっている。

50 冥加銭（みょうがせん）：神仏の冥加（おかげのこと）に対する謝意として社寺に奉納する金銭。

51 これは、おそらく「冥加銭」に対応する語が漢語に無いので、そのまま冥加銭と書き、中国人にわかるよう、注釈を記入したもの。梅所はあくまで中国人が読んでわかる文章を書くべきだという考えを持っていたことがわかる。

52 二十二日は、約十二キロメートル歩いたことになる。

八月二十三日（十月五日）

我が君公[53]がにわかに和歌山城を発ち、京都に上ることになった。この日、天気は良く晴れ、秋気がすがすがしい。貝塚駅から難波に着き、八軒屋[54]の屋敷[55]に宿った。従軍は弓、鉄砲、槍、剣など二万人以上である。通る町々で見物人が人垣を作り、兵士の列が整然としていることに皆感心した。二万余の兵士は旅館、茶店などに分宿した。雑卒のなかには荷物を枕にして軒下に寝る者もいる。私と同宿している者は、木下裨将に従って天満橋に出迎えに立ち、晩になって帰った。

今月十八日に京都で事件[56]があり、異常な浪人が朝廷に向かって弓を引き、乱暴をしたので、京都は戒厳し、詔[57]を発して全大名に忠誠を求め、幕府もまた主な大名に檄を飛ばして召し出した。天皇の使者、幕府の使者が、矢の飛び交うように往来している。我が藩主が急に軍を整えて来たのも、そのためである。大夫の任務も、我々が従軍しているのも、その為だそうだ。

聞くところによると、現在、淀侯[58]が堺町門[59]を、細川侯が寺町門を、土佐侯が広小路門を、阿波侯が石薬師門を、備前侯が今出川門を、雲州侯が戌亥門を、加賀侯が中立売門を、会津侯が蛤門を、仙台侯が下立売門を、因州侯が南門[60]を、黒田侯が沢平門を、中川侯が猿町門を、戸田侯が日野門を警備している。各国で混乱が起きている。

53 我が君公：和歌山藩第十四代藩主徳川茂承（もちつぐ）。当時弱冠十九歳（満年齢）。五年前に第十三代紀州藩主の徳川慶福（よしとみ）が第十四代将軍になった後を承けて藩主となった。それまでは伊予西条藩（紀州藩の支藩）の江戸藩邸で育つ。父は西条藩主松平頼学（よりさと）。明治三十九年没。

54 八軒屋（はっけんや）：淀川の天満橋（てんまばし）と天神橋の中間にあった南岸の船着き場を中心とする一郭。いわゆる船場（せんば）である。淀川水運のターミナルで、旅館、商問屋が多く、繁華な所。地名としては、京橋三丁目～六丁目が正式な名称。

55 八軒屋の屋敷：紀州藩の屋敷が天神橋の南口にあった。地図版元の播磨屋が出した弘化二年（一八四五年）版絵地図にキシウと出ている。ここに蔵を持ち、年貢米を売りさばいた。いわゆる蔵屋敷である。それで船着き場の前にある。

56 京都で事件：長州藩を主とするいわゆる討幕派（幕府を倒そうとする勢力）を、京都から追放するため、いわゆる公武合体派が十七日深夜、一斉に京都御所に入り、御所周辺の九つの門と御所の六つの門を兵で固めて討幕派公卿の登朝出仕を阻止し、これを追放する天皇の命令を出させた、「八月十八日のクーデター」と呼ばれる事件。

57 詔（みことのり）：天皇の言葉。

58 淀侯以下十三人：次頁の表参照。

59 堺町門以下九門：京都御所を囲む公家屋敷などがある区画（現在の京都御苑の範囲）を取り巻く門。一部若干移設されているが、全て現存する。

60 南門以下四門：京都禁裏御所を囲む築地塀にある六門の内の四つ。実際は六門全てが討幕派に対して閉鎖された。

	藩名（通称）	家格	石高（万石）	当時の藩主
淀侯	淀藩	譜代	10	稲葉正邦（まさくに）
細川侯	熊本藩（肥後藩）	外様	54	細川慶順（よしゆき）
土佐侯	高知藩（土佐藩）	外様	20	山内豊範（とよのり）
阿波侯	阿波藩（徳島藩）	外様	26	蜂須賀斉裕（なりひろ）
備前侯	岡山藩	外様	32	池田茂政（もちまさ）
雲州侯	松江藩	家門	19	松平定安（さだやす）
加賀侯	金沢藩（加賀藩）	外様	103	前田斉泰（なりやす）
会津侯	会津藩	親藩	23	松平容保（かたもり）
仙台侯	仙台藩	外様	60	伊達慶邦（よしくに）
因州侯	鳥取藩（因州藩）	外様	33	池田慶徳（よしのり）
黒田侯	福岡藩（黒田藩）	外様	47	黒田長溥（ながひろ）
中川侯	岡藩（竹田藩）	外様	7	中川久昭（ひさあき）
戸田侯	大垣藩	譜代	10	戸田氏共（うじたか）

八月二十四日（十月六日）

朝六時、君公は京都に向けて出発した。まっすぐ二条城[61]に入り京都の人心を静められた。今日、小倉氏は外出し親友を訪問した。私は足痛の為、終日床に入っていた。しきりに眠くなる。夕方、僕に酒を買ってこさせ、つまみが無いので白梅[62]をなめて、同宿の人と杯を交わした。世の中の状態を憂い、慨嘆しながら話しているうち太鼓が夜十二時を報せた。ほろ酔いで寝る。

61 二条城（にじょうじょう）：京都の二条にある徳川氏の城。家康が一六〇三年に築く。当時京都所司代が管理していた。長く使われていなかったが、幕末に将軍が滞在することがあり、大政奉還の宣言もここで行われた。

62 白梅（はくばい）：中国語で梅干のこと。

八月二十五日（十月七日）

具合が悪く、めまいがする。小倉氏を誘って、近くを散歩することにした。大分歩いた頃、前方に大きなお宮が現れた。近づくにつれ老婆の念仏の声が大きく聞こえてきた。ここは阿弥陀池[63]である。池の中央に橋があり、欄干によりかかって休息した。池の水は古く青々として

いる。小亀が無数におよいでいる。寺の中に、人形を取る楊弓場[64]がある。香を焚いていると
ころには大勢並んでいる。大変な人出だ。しかし天神様は寂寥としている。
帰るとお昼前になっていた。食事をし、按摩を呼んで足痛を治療させた。病気の予防として
紫金錠[65]を服用した。横になったまま夜を明かした。

63 阿弥陀池（あみだいけ）：和光寺の池。仏教伝来のころ、百済から到来し物部氏によって捨てられた阿弥陀像が、西暦六〇〇年頃この池から救い出されたので阿弥陀池と呼ばれる。その後この阿弥陀像は信濃の善光寺の御本尊になっている。池は阿弥陀信仰の対象となり、江戸時代初期には念仏修業の施設が建ち、元禄十一年（一六九八年）に和光寺が建てられた。池の中の小島にある放光閣に善光寺から招来した別の阿弥陀三尊を祀る。橋はこの小島に渡るためのもの。当時は境内に寄席、見世物小屋、茶屋、遊技場などがありにぎわっていた。

64 楊弓場（ようきゅうば）：料金を取って楊弓の遊戯をさせた場所。楊弓は二尺八寸（約九十センチメートル）の小さい弓。あづち（土盛り）に置いた的を七間半の距離から射る。幕末から明治にかけて民間で大流行した。島崎藤村著「夜明け前」でも妻籠本陣の壽平次が自宅に楊弓場を作って練習している。

65 紫金錠（しきんじょう）：漢方薬の興奮剤の一種。気付けや酒酔い、船酔いなどに用いた。

じゃ香、龍脳（りゅうのう）、薄荷（はっか）などを練って方形に切って金銀箔を付けた錠剤。（明治薬科大学図書館の古書より）

八月二十六日（十月八日）

夕方、裨将の使いが来て私たちを呼び出した。同宿の人々と裨将の宿に行く。形勢を討論して意気盛んになり、時の経つのを忘れていたところ、水野大夫が京都守護[66]の会津侯から大和の浪士[67]を討伐するよう命令を受けたとの知らせが来た。大夫は直ちに京都を発ち、徹夜で浪華にきて、そのまま全軍を率いて出かける予定とのこと。急いで帰り、旅の支度を整えた。

先日浪士約百人が、中山侍従（中山中納言の嫡子）[68]を大将として兵を挙げ、いたるところで乱暴を働いている。まず、大和の五條[69]で郡令[70]の鈴木源内以下若干の人を殺し、その勢いはまさに諸州にはびこり始めた。五條の人民はこれになびき、不逞の人、恐れて従うものなどが集まって、兵力三千人を超えるに至った。山間の要害、天ノ川流域[71]を本拠にし、兵を出しては村を焼き討ちしている。そこで今回の命令が出されたのである。

従来の、一の手の裨将 柴山太郎左衛門（大番郎長）[72]、三の手の参将 門彌五郎（大羽林郎）[73]、裨将 金森金十郎（大番郎長）、さらに別部の裨将 坂西又六（大番郎長）、副将の富田甚左衛門、長野七郎左衛門（大番郎長 班[74]）を一隊の将とした。各々決められた地方を征討する。大夫がその総督となった。

また別に津田楠左衛門[75]と報福寺[76]の道竜[77]が旗を挙げて戦いに参加する。

66 京都守護（きょうとしゅご）：京都の警備のため、幕府は文久二年（一八六二年）に京都守護という職を設け、会津藩主の松平容保（かたもり）を任命した。大老・老中と並び将軍に直属する強い権力を持っていた。容保は当時二十八歳の美青年。前年十二月京都に着任したばかり。従来の京都所司代（二条城の守備隊的存在）では、尊王攘夷派のテロを取り締まれなくなった為の対策で、会津藩士六百名、京都所司代、続いて文久三年二月に江戸から京都に送り込んだ新選組がその指揮下に入った。

67 大和（やまと）の浪士：いわゆる天誅組（てんちゅうぐみ）。八月十四日に一行三十九人が京都を発ち、八月十七日には大和の国、五條の幕府代官所を襲撃し、代官鈴木源内以下五名を斬り、桜井寺を本陣として付近の庄屋、村役人等を呼び出し、今後は天皇の領地とし、祝儀として本年の年貢半減と触れを出した。昔南朝を支え、尊王の伝統がある十津川（とつかわ）郷の郷士、村民がこぞってこれに参加した。当時十津川郷は幕府直轄領であったが、数か月前、天皇に直接願い出て、天皇の土地とするとの宣旨を得たという。

68 中山侍従：名は中山忠光（ただみつ）、当時十九歳。侍従は中務（なかつかさ）省に属し、天皇に近侍する職員。そのなかに過激な尊王攘夷派が多くいた。忠光も勝手に倒幕派の長州に出かけるなど過激なため当時侍従の役を解かれたうえ、父の中納言中山忠能（ただやす）から外出禁止を言われていた。だから厳密には「中山侍従」ではなく「中山元侍従」であるが、外部には知られていなかったのであろう。八月二十九日付京都守護松平容保の布告では中山忠光について「五月に出奔した際官位を返上しており、父の中山家とは義絶しているのでただの人であるのに、中山中将とか中山侍従とか偽って名乗り、勅命によるなどと嘘を言って乱暴を働いている。早々に打ち取れ」と命じている。

69 五條：南大和の幕府直轄地［当時、吉野、宇智、宇陀、葛上（かつじょう）、高市の五郡、七万一千石あまり］を支配する代官所のあった宿場町。現在跡地に五條市民俗資料館が建っている。

70 郡令（ぐんれい）：「代官（だいかん）」の梅所による中国語訳。令は長官を意味する。代官は幕府直轄地を支配する役人のこと。

71 天ノ川（てんのかわ）：天ノ川は十津川の上流。

72 柴山太郎左衛門：千石をとる大御番頭（文久紀士鑑）。大番郎長は大御番頭の中国語訳。

73 大羽林郎：羽林（うりん）は、中国唐時代の官職名で、主君を守る軍隊、近衛府（このえふ）のこと。

74 班（はん）：中国語で席次を意味する。幕府職制には例えば外国奉行のほかに外国奉行並という役があるが、この並（なみ）のことであろう。今なら「〇〇扱い」であろうか。

75 津田楠左衛門（つだくすざえもん）：諱は正臣、代々紀州藩の家臣として仕える武士の家に一八四一年生まれる。当時二十三歳。あの津田出（いづる）の弟である。津田出は数年前から弟楠左衛門や法福寺の道隆に郷士や農民を雇って軍を作るよう促していた。蘭学によって西洋軍隊の制度を知ったからであろう。楠左衛門はその農民部隊の兵員確保と育成に努力していた。ちなみに、津田出は数年後に藩政改革を任されたとき、藩内に徴兵制度を導入、明治政府の徴兵制度の手本となった。

76 報福寺（ほうふくじ）：正しくは法福寺。梅所の記憶違いであろう。紀州和歌山城から南に四キロメートル、景勝の地和歌の浦にある真宗本願寺派の寺。北畠親房（ちかふさ）の孫、徳千代が出家して了空入道となり、創建した由緒深い寺。戦国時代信長が十年攻めて勝てなかった雑賀衆（さいかしゅう）が拠点とした寺の一つ。

77 道竜（どうりょう）：当時の法福寺住職、北畠道竜。一八二〇年生まれの当時四十三歳。全国に遊学し、仏教のほか武芸、蘭学などを学び、一八六〇年、津田出の後援のもと、武士以外から兵を募り軍隊を編成し、寺内で訓練をしていた。津本陽著「幕末巨龍伝」に詳しい。

八月二十七日（十月九日）

昼食後、魚虎の店を発つ。店の主人には慇懃に礼を述べて別れた。夕方、大夫は八軒屋邸に着いて小休止する。すぐ発って堺に向かう。私たち三人皆従って行く。木下氏と大番郎は、次の理由で留まった。今後は池田嘉右衛門（大番郎長）が部下とともに砲台の警備に当たるはずだが、まだ来ないので、遅れて出発するという。

堺に着いたら夜はすでに十二時頃である。馬上の将も兵卒も大変疲れている。しばらく仮眠したら東の空が白くなり、スズメや鶏が鳴いた。早々と朝食をとる。

八月二十八日（十月十日）

堺を発ち、河内[78]に向かう、岸和田の兵[79]が径を警備している。狭山[80]を左に見て進む。金剛山を指して昔の話[81]をする。三日市[82]に着く。すでに四時頃で、皆昼食をとる。ここから山に入る。山道は険しく、なかなか進めない。峰々はそびえ重なり、岩壁が屹立している。谷の道を進むうちに日は暮れ、ローソクや松明を燃やして行く。矛を横たえて勇ましい歌を唄いながら登る。紀見峠に着く。我が国の境である。夜十時ごろである。しばらく足を休める。

私の足はひどく痛む。僕の足も痛む。竹の輿を探したが、一つもない。竹の杖にたより休み休み下る。やっと村に着くころにはよろよろとしてもう耐えられない。村人にあちこち頼み込んでやっとあじか[83]を借り、これに乗って橋本宿[84]に着いた。食事をして困睡した。皆のいびきの音が雷のようだ。その疲れ、推して知るべきだ。

78 河内（かわち）：大阪府の東半分。西半分は、北が摂津、南が和泉の国である。
79 岸和田（きしわだ）の兵：岸和田藩は天誅組討伐のため河内に出兵した。
80 狭山（さやま）：狭山藩（外様、一万石）の居城があった。狭山藩は天誅組討伐のため百人を出兵した。
81 金剛山（こんごうさん）の昔の話：金剛山の西の麓近くにある千早城（ちはやじょう）は、周囲が急な崖に囲まれた山城。一三三三年、楠木正成（くすのきまさしげ）が二千の兵で籠城し、鎌倉幕府北条氏の十一万の軍と戦って負けなかったことで有名。現在国の史跡。
82 三日市（みっかいち）：高野参詣の宿場町。
83 あじか：土を運ぶための丸くふくらんだわらで編んだもっこ。
84 橋本宿（はしもとじゅく）：高野山の僧、木食應其（もくじきおうご）が秀吉の許可を得て開いた町。高野街道と伊勢街道（大和街道とも）の交差点の宿場町、船継場である。紀州藩の屋敷があり、参勤交代時に藩主が宿泊した。大和と紀の川流域一帯に送る塩は必ず橋本の塩市場で取引することとされていた。

大阪城
天保山
（4 km）
天下茶屋
（7.5 km）
住吉
大
阪
湾
大和川
堺（27 日 夜 12 時～28 日早朝仮眠）
（10 km）
狭山城
高
野
街
道
（8 km）
河内の国
大和の国
葛城山
三日市（昼食）
高取城
千早城
金剛山 1112m
高取山
584m
和泉の国
河内の国
（6.5 km）
紀見峠
（夜 10 時）
千早峠
河内の国
紀伊の国
五條
今井
（7 km）
二見
橋本
高野口
恋野
至和歌山
紀の川
大和の国
紀伊の国
この先は
38頁地図
高野山

図３　浪華から橋本へ

八月二十九日（十月十一日）

午後二時、大夫は部下を率いて大和の国、五條の浪賊を追い払うため進軍した。騎将も徒歩の兵も皆、諢脱[85]して行く。先鋒隊はすでに甲鎧を着け、槍か砲を手にし、鼓を打ちながら進む。軍旗がはためき、巻き上がる塵が野に満ちた。

五條の街では左右に人が並び、頭を下げて拝み、またとても喜んでいる。裨将 柴山の軍が桜井寺[86]に先陣した。[87]

数日前、浪賊はこの寺を陣地として高取城[88]（植村侯の城で二万五千石）を攻めた。高取は弱気を示してこれを誘い、数か所に伏兵を配置して待ち伏せた。賊は意気上がり、ときの声を挙げて鼓を打って迫ってきた。そこを伏兵が突然起ち、挟み撃ちをかけた。銃丸矢のごとく、賊兵は群がり集まり、敵味方入り乱れてしばらく戦ううち高取が有利となり、不意打ちにあった賊は敗走して、天ノ川まで退陣した。

二、三日前[89]まで桜井寺にいた賊の残した兵器が散乱していたので、わが軍がすべて取った。

夜はかがり火を焚き警戒する。襲来の知らせがしきりに来たので、柴山氏が陣を出て敵を攻撃した。騒然とした中、賊の諜者四人を捕らえた。その夜、大夫は、敵が放火して攻撃することを考慮して、しばらく情勢を見ていたが、ついに橋本に帰った。

紀見峠
紀伊
大和
鷲家へ約 30 km
下市
今井
五條
二見
上兵庫
橋本
恋野
丹生川
東ノ川
銀峯山
かむろ
学文路
かね
河根
大日川
鳩の首峠
富貴
神谷
杖ヶ薮
天辻峠
摩尼
奥の院
天の川辻
高野山
出屋敷峠
簾
大門
天具木峠
天河大弁財天
陣ヶ峰
野川
今井
坂本
天ノ川
中原
猿谷
長殿
十津川
上野地
風谷

図4　高野山と南大和

85 諢脱（こんだつ）：甲冑を脱ぐこと。

86 桜井寺（さくらいでら）：五條市須恵一丁目にある浄土宗の寺。本尊は阿弥陀如来。天暦年間（九五〇年頃）創建。「明治維新発祥の地」とされる。鈴木源内以下五人の首を洗ったと伝える石の水鉢がある。八月十七日から二十日まで天誅組が本陣を置いた。その後は十津川郷士に参加を呼びかけるため、天の川辻に本陣を移した。

87 先陣：柴山の部隊は、二十八日夕には軍勢八百人ほどで二見（五條の西隣の村）に進駐して止宿し、二十九日朝には桜井寺に着いた。天誅組はその前日、天の川辻に逃げている。

88 高取城（たかとりじょう）：五條から北東十五キロメートルにある南北朝時代に建てられた高取藩（譜代、二万五千石）植村氏の居城。天誅組の援助要請を断ったため攻撃対象になり、天誅組は十津川郷士千人以上を動員して二十六日早朝攻撃したが敗走、五條に帰った。その夜にも二十六名の決死隊が城に迫ったが、隊長の吉村が重傷を負って敗走した。

89 二、三日前：天誅組の最後の浪士が桜井寺を後にして天の川辻に移ったのは前日二十八日朝であった。

八月三十日（十月十二日）

午後四時ごろ、武装して進軍した。大夫は鞭を鳴らして気力ますます盛んである。途中で敵の情報が入り、橋本の東、兵庫村[90]に結陣した。野宿の準備もせず、全員甲冑を着け、武器を持ったままである。銃隊が、入り組んだ陣を敷いている。私も鉄衣[91]を着て兵隊と並んでいた。司令官の近くで警備しているので鋭気奮い立つ。前方の山中を巡回し、方々に火を燃やし偽兵を設けて敵をあざむく。敵の情報[92]が次々と入ってきたが、大夫は軍をおさえ、あえて動こうとしない[93]。深夜に露が降り、野を渡る風が強い。空が明るくなるころ賊が退去し、わが軍もまた旗を倒して退いた。

今日夕方、柴山氏は五條に陣を敷いていたところ、横幕長柄（故加納大夫の部下で官府周旋方[94]に署す）が陣中に来て、抗議して激論を戦わし、ついに部下に殺された。

軍の中にいた提学[95]の荒巻左源太[96]は、勝手に桜井寺に引き退き、病気を理由にしてそのまま和歌山に帰って行った。諸説紛々として確かなことは知れないので、是非が判然としない。

90 兵庫村（ひょうごむら）：橋本から約二キロメートル東にある紀の川北岸の村。現在の橋本市隅田（すだ）町上兵庫と下兵庫。
91 鉄衣：鎧のこと。
92 敵の情報：この日、五キロメートル先の二見村の川向こう（南側）に天誅組が押し寄せた。
93 あえて動こうとしない：二見村の川向こうの賊を打ち払う命令を出したが、銃隊の面々は軍がまだ慣れていないなどと言って動こうとせず、大夫はじめ皆心配して、銃手に金二朱ずつ与えてようやく動き出すという有様であった。梅所はそのことを知っていたはずだが、大夫が自分の考えで動かないように、取り繕って書いている。

94 官府周旋方（かんぷしゅうせんかた）：幕末、朝廷と幕府から異なる命令が出るような情勢に対処するため、各藩は、朝廷や他藩を対象として、情報を収集し、ときには積極的に働きかける「周旋方」あるいは「国事周旋方」と呼ぶ役目をつくり、多数の藩士を任命していた。外交官のような役人である。主として京都にいて、公卿や他藩の周旋方と交流していた。官符周旋方は、国事周旋方の中国語訳であろう。「官符」は中国語で政府のこと。

95 提学（ていがく）：中国語で学校行政を監督する官職。梅所は督学（とくがく）すなわち校長であったから、仕事の上で関係が深い人である。正式職名は書院番頭持格。

96 荒巻左源太（あらまきさげんた）：二百二十五石足高（たしだか）七十五石金十両。南紀徳川史によると荒巻左源太について「大夫が九月二日未明一人で勝手に帰ってしまったことなどを心配したためかもしれないが、歌を唄って気分転換していたが、昼頃から見えなくなり、探したところ、旅館の庭で切腹して死んでいたので、死骸を和歌山に送った」との記録がある。これによると左源太は九月二日に自害しているが、梅所は八月三十日に和歌山に帰ったと書いている。本人の名誉のため取り繕って書いているのであろうか。荒巻左源太は水野大夫の御用人で主君の意向を家中に伝える役だから、板挟みで苦労したに違いなく、主君の信頼に応えられなかったとの思いから自害したのかもしれない。

九月一日（十月十三日）

兵を橋本で休め、作戦会議を行う。夕方から布団に入り熟睡した。

九月二日（十月十四日）

明け方、鶏が鳴くころ、大夫はひそかに[97]橋本を発ち、和歌山に帰った。軍を裨将[98]に託すと書き置いて行った。部下で知っていたのは一人もいない。私は早朝作戦を提案しようとして大夫に会いに行く途中でこのことを聞き、帰ってきたが、こんな気づまりなことはない。皆不安で動揺している。

皆橋本邸[99]に集まったので、私も行く。皆が大夫の後を追って和歌山に帰ろうとするが、司農[100]の小出平九郎と監察長の坂主馬が大儀[101]をもってさとし、皆引き退がった。私は一度和歌山に帰って大夫に直接会い、軍に復帰するよう説得したいと再三申し出たが、とうとう採用されなかった。全軍出陣せず、二日間逗留した。

97 大夫はひそかに……：兵隊に金を与えたため軍資金が無くなり、大夫は和歌山に軍資金を送るよう伝えたが、断られて困っていた。九月一日の作戦会議というのは、この問題でもめていたのであろう。大夫は、それで嫌気がさしたか、帰って直談判しようとしたかであろう。

98 裨将：木下氏のことであろう。梅所は、他の裨将には名を付けて書いているが、自分の直接の上司木下裨将だけは名を付けずに書くことが多い。木下氏は交代部隊の到着を待って遅れて大阪を発ったが、一、二日後には軍に合流したのであろう。

99 橋本邸：紀の川沿いにあった紀州藩の代官所。かつて藩主の江戸往来の休みどころだったので、「橋本御殿」とも呼ばれた。この代官所は伊那郡と那賀郡（粉川村以東）を支配した。この代官所があったので、橋本が紀伊軍の本陣となったわけである。

100 司農（しのう）：漢の官名。銭穀（金銭と米）をつかさどる。大蔵大臣に相当する。ここでは軍資金を管理する係であろう。

101 大儀（たいぎ）：主君に対する忠義。この場合、天皇、幕府、藩主からの討伐命令に従うべきだということ。

九月四日（十月十六日）

大夫はついに病気で家に養生するとのこと。三の手の参将 井関氏が仮の総督となり、橋本に居て全軍を指揮することになった。

裨将はその命令を受け、正午過ぎ部下を率いて恋野村[102]に陣取った。この村は橋本の東二里強[103]にある。同僚の保田氏が病気で旅館に養生していたが、私は従軍した。先日[104]、浪賊が深夜寝静まったころに恋野村を襲い、金銀その他を略奪し、金持ちの家には放火して去ったとのこと。そのころ全軍橋本に居て、炎のあがるのを望見したが、何村の火か分からなかった。道も遠く紀の川の反対側になるので防戦できなかったわけである。それゆえ、この村に進出して陣を置き、敵の通行を塞ぎ止める考えである。

現在我が陣内には、橋爪氏、藤村弘之丞（西条侯[105]の部下で、現在は大夫に属して軍師となっている）、軍吏[106]の富田宗三郎が居て、朝夕裨将に謁見して賊勢を検討し、攻撃、守備の作戦を立てている。

このところ一回の食事は握り飯一個と白梅一個だけである。ある日、夕食が夜十時になっても出ないので、空腹に耐えかねて、熟した豆の苗を買い、ゆでて満腹するほど食べた。たまま村の老翁がどぶろくを下げて陣中見舞いに来てくれたので、皆大いに喜び、一杯飲んで渇きをいやした。おかげで鋭気が少し出てきて、ついには鎧に寄りかかって昔の戦の話に花が咲き、寝ないで夜明けを迎えた。

三日間無事に過ぎたところで、総督から、高野山[107]に転営せよとの命令書が来た。

102 恋野村（こいのむら）：橋本と五條の中間で、紀の川の南側にある村。
103 二里強：漢里（一里四百五メートル）だとすると一キロメートル弱、日本の里だとすると八キロメートル強。実際は直線距離五キロメートル程だから、大阪では漢里で書いた梅所は、ここでは日本の里を使っている。
104 先日……：天誅組は、二十九日に恋野村の花岡左衛門の家を焼き、三十日にも隣村（田殿村）の庄屋の家を焼いた。
105 西条侯（さいじょうこう）：伊予の国（愛媛県）の西条藩の藩主、当時は、松平順英（よりひで）二十歳。西条松平家第十代藩主である。初代藩主が紀伊徳川家から出ているので、西条藩は紀州藩の支藩であった。したがってそこの家来が紀州藩の軍隊に参加していたわけである。
106 軍吏（ぐんり）：中国の軍に属する役人で、軍の行政事務、参謀、兵の取り締りなどを行う。
107 高野山（こうやさん）：空海（弘法大師）が八一六年に真言密教の総本山として金剛峯寺（こんごうぶじ）を建てた所。標高八百メートルの盆地にある。当時は子院約百二十寺が建ち並び、墓石や祈念碑、慰霊碑が二十万基を超える一大寺院都市である。

九月七日（十月十九日）

明け方、陣をたたんで橋本を通過し、紀の川を渡る。旅兵は並んで行進した。秋空はさわやかに晴れ、各兵の抜身の槍が朝日に輝いている。左右いずれも山並みが続く。谷あいの路は上下し、加禰[108]にて一休みする。千石橋[109]を渡り、奇岩そそり立ち、川は激流となる。左右の風景はすばらしい。神谷[110]の旅館に着き昼食をとる。

路上たまたま知人の崖彦輔[111]に出会った。小鎧を着、軽輿に乗ってきた。しばらく立ち話をした。彦輔の話では、今、津田氏の軍[112]に属していて、天狗木[113]（高野山から二里登ったところ）に陣を敷いているそうだ。報福寺の兵[114]と共同作戦中である。五日に賊が富貴村[115]（これは和歌山藩の地だ）に出たので、報福寺は杖ヶ薮[116]（高野山から二里強の所）に居たが、富貴村に打って出てこれを破り、賊は夜、放火して去ったとのこと。

今から橋本に下って井関氏と相談し、五條に居る藤堂[117]の兵と連携して全軍で一挙に天ノ川を陥落させようと考えているとのこと。

彦輔と別れて行くと、四寸岩[118]に来た。皆奇観に感心する。四十八曲坂にかかる。足を引いてはゆっくり歩く。険しい道を折れ曲がって登って行く。不動明王[119]を見るところで煙草をのんで休む。女人堂[120]に到着するころには、日も落ちて足元があぶなくなったが、役僧[121]が出迎えてくれたので、これに従って行く。途中青巌寺[122]大徳院[123]を経て小田原円満院[124]の宿に着いた。

現在、坂西氏、富田氏、長野氏[125]が先に登って、一山を警戒している。

108　加禰（かね）：高野山への登り道（高野街道京大阪道）に沿った村。宿場があり今も本陣（身分が高い人が泊まる宿）が残っている。現在は河根と書く。

109　千石橋（せんごくばし）：西流する丹生川（にうがわ）にかかる高野街道の橋で、加禰宿を出るとすぐにある。長さ十八間、幅二間半の欄干橋。高野山が管理していた。高野山へ二里という道標がある。現存。

110　神谷（かみや）：高野山参詣道沿いの村落「神谷辻」。続風土記によると三十五軒があった。現在も南海高野線の紀伊神谷駅がある。高野線は高野下駅から不動谷川に沿って紀伊神谷駅まで大きく迂回しているが、京大阪道は高野下からまっすぐ南に登って神谷に至る。神谷の旅館で昼食をとったとあるが現在集落は無い。

111　崖彦輔（きしひこすけ）：学校授読助であるから、梅所とは学習館で親しくしていた。たとえば小梅日記によると、梅所の初孫菊枝の初節句の祝宴に岸彦輔も招かれている（小梅は崖ではなく岸と書いている）。

112　津田氏の軍：高野山から和歌山藩に来た警護の依頼を受けて、津田楠左衛門は、法福寺隊約百三十名を含む三百名ほどの軍を率いて九月一日高野山に登った。その夜、天狗木峠を経由して敵が襲来するという噂を聞き、先手を打つべく天狗木峠を目指したが、闇夜の山中で敵襲の声を聞き同士討ちの混乱を招く。この奸計を企てたのは、高野山三宝院の尊王攘夷派の剣客沢田実之助で、津田勢に追及されスパイであることを自白したので翌二日殺された。

113 天狗木（てんぐみ。てんぐきとも）：高野山の東にある峠。陣が峰（高さ千百六メートル）の脇にあり、標高約千メートル。したがって高野山から二百メートルほど高い。この峠から東は大和の国で十津川に至る道につながる。

114 報福寺の兵：五日に、富貴村の東、鳩の首（はとのこうべ）峠付近に砦を作って富貴村を襲っていた天誅組と戦い、たしかに勝利したが、六日には深追いしすぎて傷つく者数名、砦まで引き返し、さらに後を三の手井関氏の部隊にまかせて退いた。

115 富貴村（ふきむら）：天誅組本陣の天の川辻の西一キロメートルにある出屋敷峠を越えて北に十キロメートル弱、高野山からは東北東二十キロメートル弱の村。紀伊の国の東端で隣は大和の国である。

116 杖ケ薮（つえがやぶ）：高野山から東北東約十キロメートルの村。丹生川に沿う高野山領にあり、高野山で使う位牌の生産地。続風土記には「戸口二十七軒、百二十五人」とある。

117 藤堂（とうどう）：伊賀上野を居城とする津藩（外様、三十二万石）の藩主。当時は藤堂高猷（たかゆき）五十歳。津藩の軍は、二十九日三千人の兵を率いて宇賀郡（現在の五條市）今井村（五條の西約一キロメートル）に出陣し、その後五條に入った。この日（七日）には大日川（おびかわ、五條と天の川辻の中間にある村）で天誅組と戦ったが負けて五條に引き上げている。

118 四寸岩（よんすんいわ）：幅四寸（十二センチメートル）の窪みがある岩。窪みは空海が踏んだ跡というういわれがある。

119 不動明王（ふどうみょうおう）：大日如来が一切の悪魔を降伏するため憤怒の相を現したもの。お堂に安置されている。この付近は不動坂と呼ばれる。現在は梅所が見た位置から新しい道路の脇に移設されている。

120 女人堂（にょにんどう）：高野山は女人禁制だったので、七つの参詣道それぞれの入り口に女性のため籠り堂が作られ、女人堂と呼んだ。女性はここから空海を拝み引き返すことになっていた。明治五年禁制は廃止されたが、この京大阪道だけ建物が現存する。

121 役僧（やくそう）：住職以外の事務・清掃などを担当する僧。

122 青巌寺（せいがんじ）：今の金剛峯寺の東半分。明治二年に西側の興山寺と合体して金剛峯寺となった。秀吉が母の追善のため建て、三回忌法要を営んだところ。

123 大徳院（だいとくいん）：青巌寺の東にあった家康の祖父清康の遺骨が納められていた寺。

124 小田原円満院：小田原谷は高野山の中心、壇上伽藍から東に続く谷で、現在高野山のメインストリートになっている。円満院は平城（へいぜい）天皇（七七四―八二四）の子「真如法親王」の開基とされ、同親王筆の弘法大師画像があったが、明治二十一年の全山焼滅の大火で焼失。明治三十八年発行の本ではこの院は描かれているが、現在の建物は民家に貸し出されていて寺ではなくなっている。登記上は赤松院が引き継いでおり、普賢院の僧に円満院住職の名義を貸し出しているとのこと。（赤松院住職の話）

125 坂西氏、富田氏、長野氏：津田氏と同じく、高野山の警護を命じられて八月二十九日高野山に登っている。津田氏を含め約七百人になる。

九月八日（十月二十日）

兵を休ませ、裨将は、各軍長と軍師、私などを招いて軍の編成を討論した。昼過ぎ、小倉氏、橋爪氏と共に大師奥の院[126]を観た。杉の樹が深い森を作り閑静である。拝堂[127]には数千の仏燈がともり、昼夜こうこうと明るい。四面の景色は泉石に苔むし、皆古く幽雅である。しばらく立ち止まって景色を愛でたのち、天朝、幕府に参拝し、また我々の祖、龍公[128]に始まり、代々の霊裨に参拝した。諸藩の碑墓も左右に累々としてある。多田満仲[129]の碑も龍公の横に並んでいる。木食上人[130]を訪ね、閑室で清談する。日暮れて帰る。

裨将がまた各長を招き、宿営地について討論させた。私も参加した。最初、監察長の坂氏と坂西氏が相談して兵を四つに分けて四箇所に宿営する案を出したが、各長は賛成せず、各人利害を述べた。

裨将は、結論として旅兵を二つに分け、一隊は摩尼村[131]に陣を置いて、杖ケ薮に居る報福寺軍の援軍とし、九鬼氏と川合善大夫（先鋒隊長）をその隊将とする。一隊は天狗木に陣を置き、津田氏の援軍とし、自分がこれを率いる、と決定した。皆この命令を承知して退いた。

126 大師奥の院：弘法大師の廟所。小田原谷沿いに百三十ほどある寺院が尽きるあたりから奥の院参道を二キロメートル程行ったところにある。この参道に沿って墓石が並び、武田信玄、上杉謙信、織田信長、豊臣秀吉を含め十万以上ある。

127 拝堂：奥の院の前五十メートルほどのところに南向きに建つ。中央に舎利塔を安置する。参詣人はここから先に進むことが禁じられており、ここで拝む。九九五年の大火の後、一〇一六年に廟の前で復興祈願の誓火を捧げたのが起源となって灯を献じるようになり（これを持経灯という）灯籠堂ともいう。

128 我々の祖、龍公：紀州藩の初代藩主、徳川頼宣（よりのぶ）。南龍公（なんりゅうこう）と尊称される。家康の十男。一六一九年、紀伊の国三十七万石余を領した浅野長晟が安芸（広島）に転封され、代わって十七歳の頼宣が紀州藩（五十五万石）の藩主となった。墓所は、代々の紀州徳川家の菩提寺である長保寺（海南市下津町上にある）だから、高野山にあるのは墓ではなく霊碑である。

129 多田満仲：源満仲（みなもとのみつなか）。九一二～九九七年。平安中期の武将。清和天皇の第六皇子の孫。父の代に源の姓を賜った。越前（福井）、常陸（茨城）などの地方官を務め、朝廷警備も担当。兵庫県川西市の多田神社に祭られている。多田源氏の祖。

130 木食上人（もくじきしょうにん）：肉類五穀などを絶ち、木の実と山菜だけを食べる木食の行をする人のこと。高野山の中興の祖、応其（おうご、一五三六―一六〇八）が有名。

131 摩尼村（まにむら）：高野山と杖ケ薮の間の村。

九月九日（十月二十一日）

明けがた、円満院の裏で霜菊[132]を折り取ってきて盃の上に浮かべ、同宿の二上左仲（羽林郎小長）等と重陽の節句[133]を楽しんだ。

朝食後、裨将に従って天狗木に向かう。途中、萬人峠[134]には陣営があり、坂西氏の兵が徘徊して警戒している。津田氏に出会ったので、立ち話をして一休みした。それから険しい坂をゆっくり登る。四方に峰が重なり、深い谷の眺めも大変良い。

昼過ぎて到着した。山麓に茶店が一軒あるきりの処で、全員ここに宿陣する。その山の頂上は陣が峰[135]という。ひときわ抜きんでてそびえている。四方の眺望が開け、二十四か国がはるかに視野の内である。

先に、津田氏が陣を置いて、銃、槍で警備し、また柵門を要所に設けて、若者を配して守り、正義の旗を立て、軍勢を張ったところである。まことに高野山の咽喉の場所である。

私は津田氏の参謀の栗山俊平（号を木洲という）、岸嘉一郎、崖彦輔と会って、敵情を討議し、攻撃計画を立てた。

茶店の外は杉の木で柵を作り、一か所に門を作ってかんぬきをかけた。この門の外、峰に寄った所が自然の砲台になっている。ここに谷道を狙って西洋砲数台を据え、竹で楯を作って守りとした。

夜になると、峰々に火を焚き、疑兵を張っている。夜警が拍子木を打ち鳴らしながら営外をしばしば巡回している。守兵は、こうして警戒している。

私は隊長たちと陣内にいたが、狭い部屋の中に主従混じり合い、同じ布団、同じ綿入れを使い、頭はぶつかり、肩はこすり合い、人を踏んでの仮眠であった。兵糧は高野山の宿坊[136]から料理が運ばれてくるが、各自握り飯にして、箸も使わずに食べた。

今や千人以上の兵隊が居るが、便所はここしかない。そのため兵隊たちはその辺で尿、便をするから、いたるところに糞を踏み、歩こうにも地面が見えないくらいで、往来もままならない。皆、糞の強い臭みに顔をしかめ、臭気が鼻の底につんと来て痛くなるが、自ら防ぐ方法もない、まるで便所の中に座っているようである。[137]

水も大変欠乏している。店から十五町[138]下った谷川から運び上げるわずかな水と、雨だれを溜めて峰の上を引いて取るだけだ。不自由なことを数えたらきりがない。

夜中二時ごろ、賊が野川村（天狗木から一里ほど下った谷底の村）で放火し、掠奪しているという報告が入った。義兵（津田氏の兵。氏は義烈という号なので、その兵士は皆その字を書いた札を着けている）が霜鋒[139]をきらめかせて進み、勇気は最も鋭い。我々の兵は朝まで警備を固めた。

132 霜菊（しもぎく）：寒菊ともいう。冬に咲く。
133 重陽（ちょうよう）の節句：旧暦九月九日。九という陽の数が重なる日。菊花の宴などが行われた。奇数を陽、偶数を陰とする陰陽思想によるもので、ほかに一月七日の人日（じんじつ）、三月三日の上巳（じょうし）、五月五日の端午（たんご）、七月七日の七夕（しちせき）と合わせて五節句という。宮廷や幕府でこれらの日に宴会があった。
134 萬人峠：今、天狗木に至る道に桜峠はあるが萬人峠は無い。桜峠の旧称か。
135 陣が峰（じんがみね）：紀伊の国と大和の国を分ける分水嶺の中の山。標高千百六メートル。

その峰続き五百メートルほどのところに天狗木峠があり、そこからの標高差は約百メートル。
136 宿坊（しゅくぼう）：寺に設けた宿所。旅館のように、よその僧や参詣人などに食事を出し宿泊させる。
137 梅所は、この四行の文章の一字々々に傍点を振っている。よほどひどい目に遭ったということを強調したかったのであろう。
138 十五町：一町は百九メートルだから、一・六キロメートルくらい。
139 霜鋒（そうほう）：霜のように白く光って鋭い矛先。

九月十日（十月二十二日）

また報告が入り、賊数十人が甲冑を着てまだ野川村に居るという。義兵に続いて忠兵（水野総督は号を忠というので兵士は皆この字を着けている）の大番郎の一隊が、進戦した。皆武装し、あるいは小鎧を着け、柵門の外に整列してから縦隊を作って下っていく。手にした槍が揺れて朝日にきらめいている。勇気盛んである。

一方、守兵の数が大変少なくなった。皆、敵は奇襲を常とするから、この機に乗じて襲ってくるのではないかと心配して言っている。裨将が私を呼んで、この状態で皆の言うことはもっともだ。今夜が問題だ。坂西裨将のところに代理で行き、摩尼兵を全員こちらに廻してくれるよう説得してほしいと言う。

この命令を受け、高野山に下った。坂西裨将は部下を率いて奥の院を巡警しているという。すぐに行って会い、墓地の中の空き地で話し合った。魔尼兵を全員集めたい、ついては貴将の兵士を報福寺の後陣に回してほしいと頼んだが、現在坂西裨将は大門を警戒しており、敢えて進軍するつもりはない、兵士を分けるのには賛成しないとのこと。円満院に帰ったころには日が暮れたが、やっと昼食を食べた。

魔尼隊の隊将、九鬼氏が宿坊に帰っていることを聞いて、すぐに本件を話に行ったところ、九鬼氏は憤慨してすぐに小普請郎の半隊を率いて天狗木に向った。万人峠で監察長の坂氏と立ち話で軍事を話し合った。九鬼氏は訳あって結局兵を返した。私は一人になって槍を持ち、松明を燃やして登る。途中鹿の鳴くのを二声三声聞き、私もまた歌いながら行き、茶店に帰り着いた。夜二時過ぎになっている。裨将に会って経過を説明した。

そのころ野川の賊兵は逃散し、忠兵も義兵も帰ってきた。夜明けまで警報は無し。

九月十一日（十月二十三日）

木下裨将は部下を連れて高野山に帰った。津田氏もまた退陣して京都に向かった。代わって九鬼氏に、小普請郎の一隊（三十八人）をもって魔尼から東を警備させた。井関参将は、柴山裨将と共に富貴に陣を進め、報福寺隊は、鳩の首[140]の賊の砦を襲撃して取ったとのこと。[141]
山高大夫（俗称は左近）が恋野に軍陣を張り、そこから諸兵を指揮している。山高大夫は、初め藩主に従って京都にいたが、水野大夫が病気で辞表を出したので、代わって総督を下命され、急きょ道を急いで来陣したとのこと。

140　鳩の首（はとのこうべ）：富貴村の中央部から東に一・五キロメートル程にある峠。その先は大和の国で天誅組の本陣天の川辻まで南へ約七キロメートル。天誅組としては防衛拠点として砦を作って守っていた。

141　法福寺隊が、鳩の首の砦を奪ったのは五日の夜だが、梅所は十一日になってこれを知ったのであろう。

九月十二日（十月二十四日）

清水其淵（名を和十郎という）氏[142]を訪ね、酒一瓢[143]を傾けながら時局を嘆き論じ合った。其淵は野呂訒庵（名を八十一郎という）氏[144]と共に儒者として坂西裨将の軍に属して参謀となっている人である。野呂氏は公用で和歌山に帰って居なかった。

その後大門[145]と七堂伽藍[146]を見物した。その高さ大きさは湧き出たようだ。ひさしの美しさは輝くばかりで大変精巧に作られている。一堂だけは焼き尽くされて土台だけが残っている[147]。大門の左右に坂西の兵が陣を置き、銃と槍を持って厳しく警戒している。その他のいろいろな院を見て回ってから宿坊に帰った。

夜は木下裨将が羽林郎[148]を招いて、食事の宴会を開いた。私も末席に連なった。酔って退席し快眠した。

142 清水其淵（しみずきえん）：儒学者、授読助。三人扶持。其淵は号、和十郎は字。

143 一瓢（いっぴょう）：瓢はひょうたんをくりぬいて作った酒などの容器。

144 野呂訒庵（のろじんあん）：儒学者、国史類撰述手伝、五人扶持。訒庵は号、八十一郎は字。梅所とは親しかったから、梅所は本当は野呂氏に会いに行ったのだろう。

145 大門（だいもん）：金剛峯寺の入り口として西の端に建つ仁王門。金剛峯寺大門が正式名称。高野山全体が金剛峯寺であり、高野山への入り口と言っていい。梅所が見物したのは江戸時代（一七〇五年）に再建されたもので、その後昭和六十一年にも再建されている。

146 七堂伽藍（しちどうがらん）：寺院の主要な建造物のこと。

147 土台だけが残っている：天保十四年（一八四三年）壇上伽藍の建物がほとんど焼けた。そのうち中門だけは再建されなかった。再建されたのは平成二十七年（二〇一五年）である。

——148 羽林郎：名が書かれていないが、梅所と同宿の二上氏に違いない。

九月十三日（十月二十五日）

昼過ぎ、木下裨将は部下の兵士を連れ、天狗木に移った。私も同行した。九鬼氏は隊兵を連れて高野山に退いて鋭気を養う。

夜、陣が峰に登って月を鑑賞した。俗念をさっぱりと忘れ、雄士二、三人と共に杯を取って酒を酌み交わし、塩魚を食べ、解菜[149]した。その勢いは樊噲[150]のようだ。兵士が謙信[151]の十三夜[152]の詩[153]を吟じた。両足がふらふらする。朦朧として月も暗い。しばらくして風の音ががさがさと高く鳴った。山は鳴り、谷は吠えている。落ち葉が顔に当たる。寒さが骨にまで突き刺さってくる。火を焚いて身を温めた。ついに峠を降りて陣営の外を回り、陣内で座ったまま仮眠した。

149 解菜（かいさい）：修行のための肉食禁止を解いて自由に食べること。
150 樊噲（はんかい）：前漢の高祖の武将。秦代末期、劉邦（りゅうほう）を援けてその天下統一に寄与した。
151 謙信（けんしん）：上杉謙信（一五三〇—一五七八）。戦国時代の武将。越後（新潟）加賀、能登、佐渡の領主。謙信の墓は高野山の清浄心院にある。

152 十三夜：旧暦九月十三日の夜。八月十五日の十五夜に対して、「後の月」と呼び、月見の行事が行われた。十五夜の月は芋名月ともいうが、十三夜の月は豆名月、栗名月などという。醍醐天皇の月の宴（九一九年）に始まるとも、宇多法王がこの夜の月を無双と賞したのによるともいうが、我が国固有のものらしい。梅所たちは、十三夜の月の宴を開くために、わざわざ寒風をついて陣が峰に登ったわけである。糞尿の海を逃れる意図もあったかもしれない。

153 十三夜の詩：

霜満軍営秋気清　　霜は軍営に満ちて秋気清し
数行過雁月三更　　数行の過雁月三更
越山併得能州景　　越山併せ得たり能州の景
遮莫家郷憶遠征　　さもあらばあれ家郷の遠征を思うを

謙信が能登を攻めている最中、九月十三日に宴会を開き、これを詠んだ。謙信唯一の漢詩。

九月十四日（十月二十六日）

隊将の九鬼氏と川合氏が魔尼の兵を全員率いて来た。天狗木峠を越えて今井（野川を通り過ぎて数里先にある）に陣を構えた。

夕暮れ時、藤堂氏の兵が天ノ川の賊の陣[154]を攻撃して取った。賊は民家に火を放って十津川に逃げ、大将の中山侍従も遠くへ逃げてしまい、賊の首は一つも取れなかった。ただ器械[155]を若干分捕った。これを見ると、賊の勢力[156]は大変弱まっている。

154 天ノ川の賊の陣：天誅組の主力は十日から天の川辻（現在は天辻）に本陣を置いていた。ここは、京・大阪からの熊野詣での人々が通る西熊野街道の中継点で、難所といわれた天辻峠のすぐ南側にある集落。九月十四日、紀州の軍が富貴から、藤堂の軍が大日川（おびかわ）、向部野、簗瀬（やなせ）の三方からと、いっせいに攻撃し、天誅組は本陣にしていた鶴屋治兵衛の家を焼いて十津川方面に逃走した。天誅組の隊将中山忠光はすでに十三日には十津川下流の上野地に移っていた。天の川辻は、西熊野街道から北西に富貴経由恋野への道と南東に天川村への道などが出るので「辻」で、物資の集散地となり、問屋や旅館があった。昭和三十四年峠から百五十メートル下に新天辻トンネルができたので、人が通らなくなって現在はさびれている。毎月八月十五日、天河神社の境内で天誅踊りが演じられる。

155 器械（きかい）：漢語では、道具または武器のこと。

156 賊の勢力：すでに八月二十七日、京都から十津川郷に天誅組は朝敵とされていることが伝えられたので、十津川の郷士の多くは天誅組に対する協力を止め始めていた。当初の志士の中

——からも脱出する者がいて、勢力はかなり小さくなっていた。

九月十五日（十月二十七日）

木下裨将は、全員を今井[157]に進め、両隊を一つの陣営にまとめた。坂西氏の副将、富田氏が茶店（すなわち天狗木）に軍を出した。

我々は法螺を吹き、整列して谷底の路を進み、野川に着いた。民家は皆焼かれ、今も燃えている。先銃手が一人捕らえた。賊の諜者である。縛って行く。次の村に着くと、皆什器を山際に埋め、老人から子供までどこかに逃げ、家という家が空っぽである。付近の村は同様だった。兵火を恐れてのことだろう。それらの家に兵隊を割り当てて宿営させた。

茶を飲もうにも一個の茶碗も無く、塩醤油の一掬いも無い。寝ようにも布団、枕の一つも無く、明かりを点けようにも一滴の灯油も無い。土地の人は、稗や麦、芋などを食べ、炭を焼いて職としている。旅衆は皆困った。まるで露営[158]と同じである。

夜中に大小の銃で二、三発を放った。すると愚かな二心者[159]は争って出て来て命を許してくれという。これらの人は皆許してやった。これで中原村[160]（今井から数里先にある）の二心者も誘われて出て、皆喜んで帰った。今井から中原までの谷道では、賊が絶壁を生かして、大木を切り大小の石を積み、路を塞いでしまい、山の峰の上に屯営し、紀州の兵の動きをうかがっていたが、前の日の負け戦のため肝を潰し、鳥肌を立てていたところへ、紀州兵二千人が茶店から押し出してきたと聞いて、慌てて屯営を捨てて逃げてしまった。

それまで、中原をはじめとして村々は断固として賊に讐服し、みずから賊の兵士となっていた。この二つの村に命じて、速やかにバリケードを取り除かせた。明日は進軍の予定である。

157 今井（いまい）：天狗木峠直下の野川村から東へ六キロメートル程の村落。天狗木峠に発して東流し天ノ川にそそぐ中原川沿いの、谷底の集落。あと五キロメートル程で天ノ川に至る。

158 露営（ろえい）：軍隊が野外に陣営を張ること。野営（やえい）ともいう。

159 二心者（にしんもの）：主君に忠実でない者。裏切り者。

160 中原村（なかはらむら）：今井の東隣の村落。村は天ノ川に接する。

九月十六日（十月二十八日）

監察長の坂が、木下裨将と相談して、旅兵が整わないいまだ夜明け前に、規則を破って出発した。谷間の狭い道を過ぎるところでは、バリケードも険しく、二村の農夫が取り除く作業に手間取って、まだ山頂に居た。突然石と大木が落ちてきて大音響を立てた。先頭の兵士が驚いて止まり、山頂の人を見かけ、また轟音を聞きくと敵と思い込んで慌てて走り出し、仲間同士踏みつけ合い、槍を引きずって走る者があるかと思えば、鎧兜を放り出して走り出す者もいる。深い谷に落ちちで傷つく者もいた。

今井村でこの噂を聞くと恐怖に駆られて、牛を引いて走り出すやら、火兵も逃げ出すやら、かまどの前は無人となってしまった。（その時、火兵は今井に居て炊事中であった。）軍吏が逃げるのを根気よく止め、やっと隊を整えて行進を再開できた。

雑卒が途中、賊諜を二人捕らえた。二人とも十津川の人であった。これを後ろ手に縛った。中原に着き茅葺の庵に宿営した。五十歩百歩の言い合いが始まり、皆で大笑いした。ほどなく竹露の書[161]が届いた。長坂氏が、故あって高野山に帰った。

午後二時ごろ、秋雨がぱらぱらと降りだした。風もぴゅうぴゅうと震えるように吹く。銃隊はそれぞれ隠れ家を探して分かれ、大小の弾をそれぞれ数十発放った。

村長が自首して来て、次のような話をした。「私の村は、脅されて、恐れ従っていました。賊が蜂起して以来数日間は天誅米を拠出し（賊は尊王を唱えて、いたる所で乱暴を働き、人を殺しては天誅を加えたと言っていたので、人はこの連中を天誅組と呼んでいる。）、また数日間は天誅組をかくまったりしてきましたが、今は皆逃げ去り[162]、隠れている者は一人も居ません。昨日は賊が手伝い人を雇う[163]という回状を回してきましたが誰も行きませんでした。」

十津川付近の猿谷村[164]の者三人を捕らえたので、私と軍師が尋問した。皆以前賊に脅され手伝わされていたが、逃げて帰る哀れな人達だったので、許してやり、道案内の係にした。深夜になって雨がひどくなり、軍談をして夜を明かした。

161 竹露の書（ちくろのしょ）：「清秋竹露深」という句を書いたもの。小梅が送ったのであろうか。
162 皆逃げ去り：前々日（十四日）には天誅組の中心勢力はこのあたりから十五キロメートルくらい十津川下流の風屋の地に逃げていた。そこでも十津川郷からの立ち退きを求められている。村長がいう天誅組は、十津川郷士の残存部隊であろう。十五日中山元侍従は天誅組の解散を宣言した。多くはこの日（十六日）さらに十津川下流に向って移動している。
163 人を雇う：武器や糧食を運ぶための人夫を農民の中から募集すること。
164 猿谷村（さるたにむら）：中原村の南に隣接する村。天ノ川の西岸にそそぐ小さな川が数本ある。現在は猿谷ダムの底に沈んでいる。

九月十七日（十月二十九日）

雨がやみ、煙っていた霧もすっかり晴れた。前方の峰は幽然としてかえでやかしわの木々の葉は霜によって真紅に染まっている。皆口々に絶景だと讃えた。正午になっても未だ朝食が来ない。皆栗を買ってむさぼって食べた。私も麦とくわたけ[165]と芋を買った。味はほとんどしないが、とりあえず空腹を満たすことはできた。

現在、前鋒の主将 藤堂玄蕃と、後鋒の主将 藤堂新七郎[166]が兵を率いて坂本[167]（中原から数里のところ、天ノ川街道に沿う）に陣取っている。郡山[168]は簾村[169]（坂本から数里先にある村、天ノ川街道に近い）に陣取っている。藤堂の見廻りの騎兵である土瀬彦右衛門が木下の本陣に来て、応援を約束した。我々の巡回騎兵の榊原忠次郎が接待した。私もまた会って天ノ川街道での戦いの様子を訊ねた。答えを聞き、策略を相談して別れた。

今夕、藤堂は長殿村[170]（これは十津川郷[171]になる）に転営し、彦根[172]が坂本に陣を張る。

私は裨将に会い、軍事の相談をした。睡魔におそわれ、薪を枕にし、一つの布団の中に大勢がくっつき合って眠った。

深夜、監察の葛西佐平太が命を受けて橋本からやってきた。兵を挙げて恋野に陣を移すようにとの命令である。明日、山高総督は恋野を発って高野山に移る。

これより先、浪士が藤堂の陣に降り、自首して言うことには、この十六、十七日に長州[173]が天誅組を援けるため河内に兵を出し、そのため、加賀[174]が金剛山に陣を張った。肥後[175]が援兵を出し、土佐[176]は住吉に、彦根は堺に陣を張った。近くの国が厳重に警戒している。それで恋野に陣を張って不慮の事態に備えるのである。

165 くわたけ：桑の木に生えるきのこ。

166 藤堂玄蕃（げんば）、藤堂新七郎：津藩の武将。それぞれ千五百名の部隊を指揮していた。津藩では、藩主藤堂の姓を与えられた家臣がいた。

167 坂本（さかもと）：西熊野街道が天辻峠、天の川辻集落を過ぎて下り、天ノ川を越えるところにある宿場。今も坂本郵便局や旅館がある。これらを含む一帯は石高百四十二石（延宝検地）の坂本村で、中原村の北隣になる。今、五條市大塔町（おおとうちょう）坂本。

168 郡山（こおりやま）：大和の郡山藩（譜代、十五万石）の軍のこと。藩主は柳沢吉里。

169 簾村（すだれむら）：坂本村の東隣の村。乗鞍岳（のりくらたけ）から南に延びる尾根の中腹（標高五百～七百メートル）にある。南端は天ノ川に接する。石高八十九石。今、五條市大塔町簾。

170 長殿村（ながとのむら）：坂本から七キロメートルくらい南（下流）にある村。なお天誅組は、この十七日の夜、坂本から四十キロメートル以上下流の小原に宿陣している。

171 十津川郷（とつがわごう）：大和の国吉野郡の最南端の郷。郷は郡内の一区画で、数村を合わせたもの。西に向かって流れていた天ノ川は、坂本で直角に曲がり南に向かうが、坂本から七キロメートル程で十津川郷に入り、そこから名前が天ノ川から十津川に変わる。当時十津川郷には五十九の村があり、十津川郷最北端の村が長殿村である。十津川郷の人は古来朝廷に忠誠を致す伝統があり、天誅組の「朝廷のため幕府を倒す」という大義名分による誘いに乗り、挙げて天誅組に加担してきたが、一方、京都守護（幕府側）や中川中納言（朝廷側）から、京都にいた十津川郷士を通じて六日、十四日、十五日に次々と「天誅組は朝廷と無関係で逆賊である、加担するな。」という話がもたらされ、十五日夜、十津川郷として天誅組に対し、出ていってほしいと申し入れた。その理由は「塩が欠乏し、困った村民が暴れださないとも限らない」というもの。橋本からの塩の供給を、紀州藩が止めたのである。十三日付、十津川郷の村役人総代から「紀州様、橋本町御出張御役人中様」あての手紙の要旨「当地の商人が諸国で買い付けて橋本に送らせた塩ならびに橋本で買い入れた塩の輸送を、紀伊の役人が差し止めたようだが、塩は日用品で、当地だけでなく近隣の村々の人達も日々不足して難渋している。藤堂の役人に鑑札をもらい、引き取らせてもらう件をお願いしたところ、この人が恋野に行き紀州のお役人に掛け合っておいたから引き取り人を出してお願いしてみるようにと言った。ついては引き取り人を出すので、引き取らせてほしい。」なお、十津川は、長殿村から直線距離三十キロメートル南で紀州熊野に入るが、そこからはまた名前が熊野川に変わり、東に流れて新宮で海にそそぐ。

172 彦根（ひこね）：近江の国の彦根藩（譜代、十五万石）の軍のこと。当時藩主は、三年前桜田門外で暗殺された井伊直弼（なおすけ）の次男、井伊直憲（なおのり、十七歳）。

173 長州（ちょうしゅう）：長門（ながと）の国を領した萩（はぎ）藩（外様、三十七万石）のことを長州藩ともいう。家臣に吉田松陰はじめ高杉晋作、久坂玄瑞、伊藤博文など尊王攘夷派が多かった。
174 加賀（かが）：加賀の国の金沢藩（外様、百二万石）を通称加賀藩という。
175 肥後（ひご）：肥後の国の熊本藩（外様、五十二万石）を通称肥後藩という。
176 土佐（とさ）：土佐の国の高知藩（外様、十九万石）を通称土佐藩という。

九月十八日（十月三十日）

総督が部下を高野山に登らせ、諸軍を招き、将を分けて四方から十津川に押し入るよう指揮された。井関参将、柴山裨将、長野副将がそれぞれ十津川に向かう。十津川には五十九村があり、ことさら天誅組に味方して内通している。

坂西裨将は熊野[177]に向った。総督は高野山全体を警備して留まる。

夜明け前、中原を発ち、昼過ぎ高野山で小休止する。日暮れに訒庵と其淵に別れを告げ、灯をともして不動の険しい坂を下って行く。旅人は橋本に直行するが、私は神谷に来たところで足が大変疲れ、旅館に宿泊してしまった。風呂に入り脚を伸ばして眠った。

翌朝早く起きて宿を発ち、懐手をしてあちこち見まわしながらゆっくり歩いて行く。加牟路[178]で玉屋[179]という茶店に入り、一杯やってしばらく休む。

昼ごろ橋本に着く。木下裨将はすでに恋野に陣を構えている。保田氏は病気が良くなり、従って来ている。草履を脱いで宿屋で寝み、疲れを癒した。

177 熊野（くまの）：和歌山県南東部、奈良県南部、三重県南部にかけての一帯。熊野神社があり、太古から参詣者がたどった熊野古道が多数ある。坂西の隊は、北から追われた天誅組の行く手に先回りして迎え撃つために、熊野にむかった。

178 加牟路（かむろ）：学文路（かむろ）のこと。梅所は、「かむろ」という音を中国語で表すため加牟路という字を当てた。高野山から京大阪道を下って紀の川に達するあたりが学文路宿で、高野山への登り口。

179 玉屋（たまや）：現在、京大阪道を三百メートルほど登った右側の民家に「石童丸物語　玉屋宿跡」と書いた柱が建っている。梅所が休んだ茶店はここにあったのであろう。石童丸物語とは、九州大宰府の家を捨てて高野山に登り、刈萱（かるかや）上人という僧となった男を追って来た妻千里と息子の石童丸が、高野山に居るという噂を聞いて、母親を玉屋宿に残し、石童丸が高野山に登り、実の父と出会うが、父は家族との縁を切った身なので、お前の父親は死んだと言って石童丸を返す。玉屋に帰ってみると母親が旅の疲れで他界していた、という悲劇の物語。中世からの伝説をもとに作られて、歌舞伎、浄瑠璃、馬琴の物語他多数のメディアを通じて全国に広まったので、梅所も知っていたに違いない。それで、これまで茶店も宿も名を記さない梅所が、ここだけ玉屋と明記したのだと思われる。

九月二十日（十一月一日）

朝食して発ち、恋野に行く。途中で彦根の兵に出会う。少人数の銃隊で、堺の陣地に行くところだと言う。

木下裨将に会い、また監察の浅井縫殿助（ぬいのすけ）に会う。前は山高総督に属し監察をしていたが、故あって長坂氏と交代した人である。今夜は、本陣の横の隊舎に入る。斥候使の榊原氏、保田氏と同宿となる。夜に入ると周りの丘陵で火を燃やし、疑兵を張っている。各兵はそれぞれ任された土地を守り警戒した。

九月二十一日（十一月二日）

九鬼氏が小普請を率いて紀見峠の警備に行った。このところ、諸藩の兵の往還が多いからである。

九月二十二日（十一月三日）

秋雨がしとしと降ってきた。夜の闇は深く、つむじ風が陣幕に吹きつけ、かがり火はあかあかと燃え、軍吏や戦士が各陣を回って警戒している。

九月二十三日（十一月四日）

やっと雨がやみ、快晴である。山雲澄んで霞晴れ、この風光をそのまま持って行けたらと思う。

保田氏と共に裨将に会い、裨将の起居に仕える。羽林郎の軍師がまた来て賊の情勢を共に検討した。

今日、山高総督は部下の兵半分を連れて高野山を発ち、橋本に行き、勢州路[180]から熊野に向かった。ここが賊の逃げ道のかなめにあたるところである。

180　勢州路（せしゅうじ）：勢州（せいしゅう）は伊勢の国（三重県の北半分）。勢州路は伊勢路（いせじ）の中国語表記。伊勢路は伊勢神宮から熊野に至る道で、お伊勢参りと熊野詣をする人が通った道。紀ノ川に沿って東に向かう大和街道が、大和を抜けて伊勢に入ると伊勢路にぶつかる。

九月二十五日（十一月六日）

命令が出たので、再び高野山に登ることになったが、故あって途中で止まる。そこでちょうど村人が網をあげて年魚[181]を獲っていたので、僕を買いに行かせた。その美味は極上である。陣中で偶然生魚が手に入ったのだから、ゆっくり咀嚼し、賞味した。

181 年魚（ねんぎょ）：鮎（あゆ）の別名。

九月二十六日（十一月七日）

橋本の旅館の主人 米屋九兵衛が年魚の焼いたのと上等の酒を持って私の労をねぎらいに来てくれた。喜んで火をおこし、酒を温め、保田氏と酌み交わし、憂さを晴らし、鋭気を養う。酔って横になり、二人で葡萄の美酒の詩[182]を吟じた。

182 葡萄（ぶどう）の美酒の詩：中国の涼州（甘粛省武威県）で流行していた新曲に王翰（おうかん、六八七～七二六）が付けた歌詞。「涼州詩」と呼ばれる。西北の辺境に出征した兵士の心情を歌って名高い。

葡萄美酒夜光盃　　ぶどうの美酒、夜光の盃

欲飲琵琶馬上催　飲まんと欲すれば琵琶馬上に催す
酔臥沙場君莫笑　酔うて沙場に臥す、君笑うこと莫れ
古来征戦幾人回　古来、征戦幾人かかえる

まさにこの時にぴったりの詩である。

九月二十七日（十一月八日）

山高大夫からの捷報[183]が来た。これを聞いてみな奮起した。初め大夫は五條を通って鷲家[184]に到着した。井伊の精兵がその前に陣を張っており、そこから来て話すことには、数十人の賊が近くの洞窟に潜んでいるので、挟み撃ちして皆殺しにしたいと言う。

そこで槍兵と銃兵がその巣窟を探索した。そのとき、深い林の中に高輿が置いてあるのを見つけ、銃を放ちながら近づくと、賊はすでに輿を出て、草むらの中で切腹していた。近づいてその首をはねた。その男は賊の総裁[185]の藤本津之助[186]であった。

このほか二人の賊がいて、突然剣を抜いてくるのを的場喜一郎（年齢十八歳）が銃を棄てて接戦したが一人対二人でかなわず、力尽き殺されてしまった。瀬戸がその一人を撃ったが当たらなかったので接戦となった。そこへ騎兵の川上七郎が長いやりを揮って追いついて一人を刺し、やっと首をはねた。

もう一人は両手の剣を振って撃つのも刺すのも自由自在で、すぐに軍監の金沢彌右衛門を衝いた。陳氏が見張り台に居たところ、賊は階段を回って上って行ったが、皆あえて近づこうとしない。見張り台の上から火かごを投げたのが賊にあたり、ひるんで下りて来たところを川上氏の家僕が後ろから一刺しして倒した。多数の槍手が突いて、最後に首を刎ねた。これは賊の軍師であったとのことである。

井伊の兵も賊の首二、三をとり、また若干名を生け捕りにする功績をあげた。ときは二十五日の午後二時頃であった。

大夫は熊野には行かず、橋本に帰り、京師[187]に速報を届けた。

---

183 捷報（しょうほう）：戦いに勝ったという知らせ、勝報。

184 鷲家（わしか）：五條から西に大和街道を三十キロメートルくらい行ったところ。幕府直轄の吉野の中で、鷲家村と近くの二つの村は紀州藩の領地であり、当時ここに橋本と同じように紀州藩の屋敷が置かれていた。参勤交代の際の宿である。この先大和街道は松坂に達する。

185 総裁（そうさい）：大将の中山忠光の下で、実質的な戦闘指揮を執っていたのが「総裁」と称した吉村虎太郎（二十七歳）、藤本津之助（四十八歳）、松本謙三郎（号は松本奎堂、三十二歳）の三人である。天誅組は、五條代官所を襲った直後に総裁を決めている。

186 藤本津之助：真金、鉄石などと号した。京都の私塾で書画、武芸を教授していた。
187 京師（けいし）：中国語で天子のいる都。日本では京都のこと。ここでは、天誅組征討の命令を出した京都守護、すなわち正規の報告先である。

九月二十八日（十一月九日）

故郷の便りが届いた。読めば平安な内容で、その他のことは何も考えていない。小倉氏が来訪したので、手紙はほうっておいて、嘆きながら形勢を議論し、膝を接して時局を話し合った。ここで初めて水野大夫が軍律を犯し家に帰ったために厳罰[188]を蒙ったことを知らされた。これは全く残念なことだ。

大夫はもと国老上の爵[189]を持ち、禄は三千石であった。それが爵を二等下げ、大組郎班に署せられた。禄を千五百石削られた。何ということか。大夫はいろいろと作戦した中で一つ失敗して、これを誹謗する者が大勢出てきて、人々が長い間信頼してきた人望を損ねてしまったとは。

最初のころ、大誅組が、大夫が軍を率いて来るのを恐れて鬼多聞が来ると言い、特別に備えをしたと聞いている。それだけになおさら残念である。また大夫の帰った事件を知らなかったことにも恨みが残る。[190]

188 厳罰：九月二十二日付で藩主が水野多聞を処分した。理由は「病気とはいえ軍の装備と人を放り出して、自分ひとりの考えで勝手に家に帰ってしまい、大将を降ろさせてほしいと言い出したのは全くけしからぬ。」である。しかし代々重臣として仕えて来た家柄を考えて、大将の役を外し、千五百石を取り上げ、大組格に格下げし、家に謹慎（外出禁止）することを命じた。水野多聞はしかしこの三年後、慶応二年（一八六六年）になんと学習館奉行を命じられている。梅所の上司である。梅所のとりなしがあったのかもしれない。

189 爵（しゃく）：古代中国では、諸侯の世襲的階級のこと。日本語の家格。

190 知らなかった恨み：帰ることを知ったら、諫めて止め、罪を犯させずに済んだはずだという残念な気持ち。

九月二十九日（十一月十日）

快晴。四方の山景色は特に良い。座って鑑賞しているうちに、漢詩を作る気になった。二、三句作る。午後、小警があった。身支度をして備えた。

十月一日（十一月十一日）

昨夜から雨が乱れて降っている。急に霧が濃くなった。一寸先も見えないくらいである。陣幕が風に翻っている。革の冬着を着ても寒い。夕方、道案内の何とかいう人があゆを手に入れて来た。活発で愉快な人だ。火であぶって賞味した。

夜中に榊原氏に従って各陣を見廻った。野原は真っ暗でぬかるみが深い。各所で疑火を焚いているが絶えず明滅している。寒風吹きすさび、あたりはしめやかに更けていく。裨将に会って、かなり長時間話をしてから宿舎に帰った。東の空が明るくなっていた。

十月二日（十一月十二日）

軍具師の今木氏が訪ねて来た。彼は床屋がうまいので、久しぶりに乱れた髷を結い直してもらった。最近、君公は、大和の五條十万石を一時領有[191]する命を受けた。今日、役人たちが戸籍[192]を受け取ったとのこと。

191　五條十万石を一時領有：幕府は、九月二十二日、五條代官所が支配していた幕府直轄地を紀州藩に預けた。その直後十月には高取藩に移した。

192　戸籍（こせき）：当時「戸籍」というものは長州藩にしかなかった。各地の寺が「人別帳」を持って管理しており、梅所は、これを中国語で戸籍といったのであろう。

十月三日（十一月十三日）

軍号と標識を変更した。初め、水野大夫が忠の字を軍号としていたが、大夫が罪を受けたので、木下裨将がこれを改めて二の字[193]を号とした。監察の浅井氏が旅兵を招いて、古い帯を新しくするというので、私も榊原氏、保田氏と共に行った。主人も従僕も、旧号をおさめ、新しいものを受けて帯にした。

また、裨将に会って相談事をした後、羽林郎の陣を通りかかったので膝を接して話し合い、日が落ちてから羽林郎と同行して山林幽谷を巡廻して警戒した。行燈の火が路を照らし、各自槍を持って意気揚々と歩き、その勢いは、髪の毛を逆立てる勇ましい若者のようであった。

193 二の字：「二の手」の部隊なので、「二」としたのであろう。木下次郎四郎の次を二と読み替えたのかもしれない。

十月四日（十一月十四日）

早く起きてみると、原野に霜が深く降り、一面真っ白である。夜の間に雪が降ったのかと思わせるばかり。日が傾いてから、陽光をたのしみながら将軍の森までゆっくり歩いた。草木のなかに祠[194]があり、古木がうっそうとしている。刀を付けた地士[195]も警戒している。大砲が前後に据えてあった。ここから谷間の路が上下する。富貴道[196]を歩く。山水は幽雅だ。詩歌を口ずさみながら前後左右の景色を見てゆく。景色の変化を楽しむ。しばし奇岩に腰かけて休む。時々風が吹くと紅葉がつややかな色を見せる。横に清水が流れており、雷のような音を立てている。しばらく歩き回ってから帰路についた。日が落ちたころ、僕が提灯を持って迎えに来てくれた。今は平穏なので、このような楽しみができた。

194 祠（ほこら）：恋野村の東端は東ノ川（とうのかわ）で、これに沿って小高い森が続く。そこに大将軍神社がある。大将軍は、陰陽道で八つの方位をつかさどる八将神の一人。古来、皇居などの北西の守神として大将軍神社が置かれることがあった。今も小さな祠があるが、さびれている。将軍森とはこの神社の森であろう。

195 地士（じし）：じざむらいとも。紀州藩が成立する前から土地に居た土豪に武士の資格を与え、その地域の警察的役割を与えたもの。津田楠左衛門の集めた農兵の中にも数十人の地士がいた。

196 富貴道（ふうきみち）：富貴村を水源とする東ノ川が北に流れて紀ノ川にそそぐが、これに沿った道路を言うのであろう。なお、この川は富貴村を出ると紀伊の国と大和の国の境界をなしている。今も和歌山県と奈良県の境。

十月五日（十一月十五日）

明けがた、監察から回状が来た。大番郎の一隊と先鋒卒の二隊（川合善太夫の属下と村井彦次郎の属下）、さらに大小の銃手隊が恋野の陣を引き上げ、高野で警戒にあたる。その他は和歌山に帰ることになった。それぞれ命令を受けて出発し、橋本に移った。また、藤堂の兵は五條から橋本を経て高野に登った。

私は保田氏と一緒に木下裨将に別れの挨拶をしてから出発した。数里歩いたあたりで足がかなり疲れたので、船を雇って行くことにした。景色を眺め、目を遊ばせて行く。船から見る景色はまことに良い。馬の走るような速さで名手宿[197]に着いた。

197 名手宿（なてじゅく）：橋本から紀の川の下流二十キロメートル弱にある宿場。今も本陣が残る。

十月六日（十一月十六日）

鶏の鳴くころ出発し、かごに乗って疾走し、岩手津[198]に着く。ここから歩いて馬次[199]に行く。いささか空腹になり、昼食をたっぷり食べて一休みした。そこへ土砂降りの雨が来た。長い堤を通り、かっぱをかぶって雨をついて帰った。子供[200]が出迎えてくれた。夕方になってわらじを脱ぎ、風呂に入ってから、家族[201]と共に互いの無事を喜びながら酒を酌み交わした。
先ごろ、賊兵が大挙して高取城を攻撃した。自然と天がその魂を奪い大敗した。いたるところで官軍と戦い、防戦一方であった。ちょうど羊の群れが猛虎に出会ったように、逃げていった。そういうわけで、天ノ川の巣窟に追い詰められた。柴山の鋭兵が前からじかに攻撃し、津の兵が後ろから襲い掛かった。賊は前後に官軍を受け、とてもかなわなかったので、自分の本陣に火を放って焼き払い、初め十津川に逃げたが、また四方から鋭兵に攻められ、最後は散り散りになって逃げた。大将の中山侍従は、七人の武士と共に、十津川から遠く逃げたらしく、まだ所在が知れないそうだ。[202]
この段階で諸藩の兵は皆退陣し、十日後には山高総督はじめ、井関、坂西、柴山の各軍、および別部の軍も皆相次いで旗を翻し凱歌をあげて帰って来た。捕らえた賊は十人にのぼった。脅されて従っていた者は皆縄をほどいて釈放し、その他は京都に移した。
勅使の渡辺相模守と、東辻因幡権之助が十津川郷の鎮静のため、大和の国内を巡行され、戦災に遭った民衆の撫安に務めた。

198　岩手津（いわでつ）：和歌山市街から大和街道を東に十二キロメートル程のところにあった紀の川の船着き場で、紀の川の対岸に渡る渡船場でもあった。名手宿からは十一キロメートル下流。現在は岩出市船戸（ふなと）。船をしまっておく小屋を船戸といった。梅所は岩出でなく岩手と書いているが、当時は岩手だったのかもしれない。

199 馬次（ばじ）：岩出津から三キロメートル程西。今、地名は無くなったが馬次自治会館がある。

200 子供：川合雄輔（ゆうすけ、号は霞山）、川合梅所と妻小梅の唯一の子。天保元年（一八三〇年）一月四日生まれの当時三十三歳。黒田家から嫁いだ鹿野（かの）という妻「天保十年（一八三九年）六月二十日生まれの当時二十四歳」が居り、全部で八人の子をもうけたが、上二人は夭折したので当時第三子の米（よね、一歳）がおり、第四子を身ごもっていた。

201 家族：当時の梅所の家族は、妻小梅、息子雄輔、嫁かの、孫よね、それに小梅の母辰子で、六人であった。そのほかに家には乳母一人、使用人数人が居た。

202 所在が知れない：中山元侍従は、かろうじて諸藩の監視の目をかいくぐり、二十七日、六人の部下と共に大阪の長州藩邸に逃げ込んだ。その後長州の下関に居たが、十一月、長州藩内で一時討幕派が権力を失った際、処刑された。京都に送られた捕囚も全員処刑された。

十月二十五日（十二月五日）

木下裨将が二手の後詰めの兵を全員連れて和歌山に帰って来た。各自軍功書を提出した。

天誅浪士のリストを次に記す。

肥前生まれ藤本津之助、松本鎌三郎、土佐生まれ吉村虎太郎、土佐池田蔵太、同岩橋元弥、同嶋村清吾、久留米松山寛之進、同梅岡佐助、福岡平山佐久馬、筑前吉田重蔵、久留米大山佐吉、同生酒井傳次郎、同生荒木半三郎、那須真吉、磯崎豊、同水野善之助、安藤嘉助、伊藤弥二、完戸彌四郎、森下儀之助、林兵四郎、嶋川清二郎、牧岡鳩斎、小川佐吉、辻幾之助、渋谷與作、尼崎徳五郎、石川一、前田盤馬、橋本傳兵衛、木村楠六、山口松蔵、福浦元吉、土佐生上田宗児、土佐生土井佐之助、田中生半田田所、田中生土井葛助、真多生安岡昌嶋、国居生磯嶋永野、以下伍長中垣鎌三郎、原田亀吉、和田登一、霍田陶司、土佐生森下萃馬、伊澤周吉、江澤種八、市川清一郎、永野一郎、保母建、竹本熊雄、水郡栄太郎、嶋村省吾右衛門、同省五郎

集まった賊が紙旗に書いた文章

逆賊どもに申し聞かせる。幕府の奸吏共は、朝命を違背奉り、外夷を欺き、国体を汚し、正義の者を貶竄[203]いたし候段、吾等の不戴天の讐敵[204]なり。この故に、草莽[205]の忠憤の士鳩合[206]し、義族一挙し、井伊藤堂[207]の賊兵を退け、紀州の弱兵を一炬[208]に退け候こと、皇天皇土の擁護によるところなり。

203 貶竄（へんざん）：官位を下げて、遠方の地へ流刑にする。
204 讐敵（しゅうてき）：かたき。
205 草莽（そうもう）：民間の。
206 鳩合（きゅうごう）：大勢集まる。
207 井伊藤堂（いいとうどう）：井伊は彦根藩主、藤堂は津藩主。
208 一炬（いっきょ）：一度に火を点ける。

山口を発ち山中駅に至る。

軟脚稍疲山口駅
藍輿疾走轎夫譚
山中雨霽秋風冷
多少草蟲唧々酣

軟脚稍（いささか）疲れ山口の駅
藍輿（あいよ）[209]は疾走し轎夫[210]は譚（かた）る
山中に雨あがれば秋風冷し
多少の草蟲唧々（そくそく）[211]として声たけなわ

209 藍輿（あいよ）：藍は「ぼろ」、輿は「こし」。
210 轎夫（きょうふ）：かごかき（かごを担ぐのを商売にする人）。轎は乗り物の「かご」。

211 喞々（そくそく）：虫などがチッチッとしきりに鳴く声の形容。

九月九日高野山を発ち、天狗木に至る、戯作。

九月九日望賊臺　　九月九日賊臺を望む
丹心一片報国杯　　丹心一片[212]なるも国杯（国柄[213]のことであろう）に報ず
英雄不厭戦陣苦　　英雄は戦陣の苦を厭わず
野山霜菊呈節來　　野山[214]の霜菊は節の來るを呈（あらわ）す

212 丹心一片（たんしんいっぺん）：自分の小さな真心という意味。丹心は「まごころ」、一片は「わずか」。南宋の最大の詩人といわれた陸游（りくゆう、一一二五－一二一〇）の詩の「一片丹心報天子」から報いる相手を天子から幕府に変えて引用。一片丹心の順序が逆になっているのは、梅所の記憶違いか。
213 国柄（こくへい）：国の政治を動かす権力。ここでは幕府または紀州藩を指す。
214 野山（やさん）：高野山。

今井から中原に転営する。

何日討平唄凱歌　いつの日か討ち平げて凱歌を唄わん
唯思忠字鋭花多　唯忠字鋭花[215]の多きを思う
深山幽壑中原景　深山幽壑中原の景
紅葉一番満目霞　紅葉一番満目[216]に霞む

215 鋭花（えいか）：鋭士（勇敢で強い兵士）のことであろう。
216 満目（まんもく）：見渡す限り。

浪士征討行

蜂起為亂草莽倫　蜂起して乱を為す草莽の倫[217]
初略五條暴威振　初め五條を略し暴威を振るう
據天之川襟山険　天ノ川襟山[218]の険に據り
陽唱尊王擁縉紳　尊王を陽唱[219]し縉紳[220]を擁す

十津川誘為内通
以力假仁縦火工
紀藩征討奉　綸命
選将勒兵眞英雄
予亦従戎水将軍
絶壁横槊兵自分
東伐南討探賊穴
深山幽壑送夕曛
腰刀洊動蒼龍気
壮士衝冠敢杲毅
沐雨櫛風幾酸辛
榑飯一顆忘百味
過雁声悲粛殺秋
手披榛棘輕兜鍪
所在決戦皆有獲
誰擒侍従黒歯頭

十津川は誘われ内通を為す
力を以て仁を假り[221]縦（ほしいまま）に焼き討ちす
紀藩、征討の綸命[222]を奉ず
選将は勒兵[223]して真の英雄なり
予も亦戎（またじゅう）[224]水将[225]の軍に従う
絶壁に槊（ほこ）を横たえ、兵自（おの）ずから分かれる
東伐南討して賊穴を探る
深山幽壑（かく）に夕曛[226]を送る
腰刀しきりに蒼龍[227]の気を動かす
壮士冠（かんむり）を衝（つ）き[228]敢えて毅を杲（たか）くす
雨に沐し風に櫛るあに酸辛ならんや
榑飯（だんぱん）[229]一顆（か）に百味を忘る
過雁の声悲しくして粛殺[230]たり秋
手は榛棘（しんきょく）[231]を披（ひら）き兜鍪[232]輕し
決戦在る所皆獲（かく）[233]有り
誰か侍従黒き歯頭[234]を擒（とら）えん

217 草莽の倫（そうものりん）：草莽は「民間に居ること」、倫は「たぐい」で、藩士をやめて浪人になった連中とその仲間。
218 襟山（きんざん）：囲む山。襟は「えり」。
219 陽唱（ようしょう）：表向き唱える。陽は「いつわる、うわべだけみせかける」。
220 縉紳（しんしん）：官位・身分の高い人。中山元侍従を指す。
221 力を以て仁を假り：孟子の「力を以て仁を仮る者は覇なり」より。假る（かる）は「うわべをつくろう」という意味。
222 綸命（りんめい）：天皇の命令。天皇が出たので前一字開けてある。
223 勒兵（ろくへい）：兵を指揮する。
224 戎（じゅう）：つわもの。
225 水将（すいしょう）：水野多聞総督。
226 夕曛（せきくん）：くすんだ夕日。
227 蒼龍（そうりゅう）：うねうねとした山のたとえ。
228 冠を衝く（かんむりをつく）：怒って髪の毛が逆立ちかんむりをつきあげる。
229 槫飯（だんぱん）：握り飯。槫は「丸い」。団子の「ダン」。
230 粛殺（しゅくさつ）：つめたい秋の大気が、草木をしぼませ枯らすこと

231 榛棘（しんきょく）：茨などが乱れ茂った所。
232 兜鍪（とうぼう）：かぶとのこと。
233 獲（かく）：捕虜・分捕り品など。
234 黒歯頭（こくしとう）：黒は「けがれた」、齒は「序列の」、頭は「かしら」。逃亡した中山元侍従を指す。

清水其淵の書いた詩ならびに俳句

金剛力士大門営　金剛力士[235]大門の営[236]
法福津田先立名　法福津田先に立名す
桟道断來茲設柵　桟道[237]を断じて茲（ここ）に來たり柵を設く
尖峰攀処又飄旌　尖峰攀（よ）づる[238]処又旌（せい）[239]を飄（ひるがえ）す
朝槍刀楓色　朝（あした）に槍刀[240]楓色[241]
夕着戎衣聞砲声　夕（ゆうべ）に戎衣（じゅうい）[242]を着て砲声を聞く
勝利寺中千古鏡　勝利寺[243]の中古鏡に
日輝陣幕護吾兵　日は輝り（て）陣幕は吾が兵を護る

女人堂越て生ふるや姫子松[244]

名はいめど高野に咲や女郎花[245]

235　金剛力士（こんごうりきし）：仏教の守護神、いわゆる仁王。金剛峯寺の大門に安置されている阿形と吽形の仁王像は、江戸時代の作で、高さ五・五メートル、重要文化財である。
236　営（えい）：軍隊で五百人からなる大隊のこと。
237　桟道（さんどう）：崖に沿って木で懸けた道。ここでは単に険しい道という意味であろう。
238　攀づる（よづる）：身をそらせるようにして登る。
239　旌（せい）：旗じるし。
240　槍刀（そうとう）：槍（やり）と刀（かたな）。
241　楓色（ふうしょく）：楓の色。紅葉のこと。この前か後にあるべき二字が欠落している。梅所か、書写した人が写す時、落としてしまったのであろう。
242　戎衣（じゅうい）軍服。
243　勝利寺（しょうりじ）：北から高野山に登る参詣道「町石道」の入口にある真言宗の寺で、空海が高野山の開発に先立って建てたものという。本堂の中央には、ご本尊である二体の観音像に挟まれて、神社のように直径二十センチメートル程の鏡が置かれている。本堂は小高い丘の上に東に向いて建っているので、基淵はこの鏡に朝日があたるのを見たのであろう。（ご住職の話）

244 姫子松（ひめこまつ）：五葉松の別名。女子は女人堂を越えて進むのを禁じられているのに、この姫子松は女人堂を越えているではないか、と詠んだ。

245 女郎花（おみなえし）：高野山境内は女人禁制なので、「おみな」という名は忌むけれど咲いている、と詠んだ。

付録1　川合梅所の生涯

川合梅所は、名（諱[1]）を修、字[2]を伯敬、号[3]を豹蔵あるいは梅所と称しました。ここでは梅所で呼ぶことにします。以下、年齢は数え年です。カッコ内に西暦年と梅所の数え年を示します。

梅所は、寛政六年（一七九四年）紀州藩[4]の藩士梅本五兵衛の長男として生まれました。[5]

梅所は学問[6]好きだったので、漢学者の川合春川[7]という人の家塾に泊まり込みの塾生になり漢学を学びます。川合春川は文化二年（一八〇五年）紀州藩が伊勢の国（三重県北部）の松坂[8]に松坂学問所を開設するとすぐにその掌教、すなわち教授を命ぜられるほどの学者でした。

川合春川の家には春川の孫で小梅という少女がいました。春川の娘辰子と婿養子鼎の子で、文化元年（一八〇四年）十一月二十二日に生まれました。鼎も和歌山藩士で藩の学校「学習館[9]」の教授でした。京都にも遊学するほどの勉強家でしたが文化五年（一八〇八年）、三十二歳で病没したのです。小梅がまだ五歳の時でした。小梅は、父親鼎が死亡したので、祖父の春川と母辰子に育てられていたのです。

1 諱（いみな）：元服の時付けられる名。本名（または実名）ですが、諱で呼ぶとその人を支配することになるというので、生前はこの名で呼ぶのは親か主君に限られます。呼ぶことを「忌む」から「いみな」で、死後は使ってもよいとされていました。実名ですから、本人が公式の書類に署名するときはこれを書きます。

2 字（あざな）：諱を使えないので、その代わりに使う名。

3 号（ごう）：文人・学者が書画を出版するときに自称する名。生前も死後もこの名で呼ばれることが多い。本人の書いたものには、号で署名することが多く、後述する梅所の書いたもの「御国海防了簡書」や「栗林八幡宮境内竹筍祥瑞考」は、川合豹蔵と署名しています。

4 紀州藩（きしゅうはん）：紀伊の国全部（三十七万石）と伊勢の国の大部分（十八万石）を治めていた紀州徳川家を藩主とする藩。藩庁は和歌山城なので、和歌山藩ともいいます。

5 梅本：梅所という号は、梅本家の出自を表すものとして採用したのでしょう。

6 学問：当時、学問といえば、中国古来の書物を学ぶ漢学、西洋の書物で学ぶ蘭学、日本古代の万葉集や古事記などを学ぶ国学でした。中でも漢学は、幕府が武士の学ぶべきものと定めていましたので、多くの学者が居り最も盛んでした。漢学では漢詩を作ることも学びました。これに対抗する国学では、和歌を勉強し、また天皇を尊ぶ尊王思想を学び、明治維新の原動力になりました。

7 川合春川（かわいしゅんせん）：春川は号で、諱は丈平といいます。

8 松坂（まつさか）：紀州藩は、松坂城に城代を置いて、伊勢の国の領地を治めさせていました。和歌山に次いで第二の政治の中心地だったわけです。

9 学習館（がくしゅうかん）：紀州藩が藩士の子弟を教育するために正徳三年（一七一三年）に設立した藩校。幕府の定めにより儒学を中心とした漢学や武術を教えました。現在の和歌山市湊紺屋町一丁目にありました。跡地には現在酒造会社「世界一統」があります。

小梅は、祖父春川から漢学を、母辰子[10]から和歌を、野際白雪[11]などから絵を学びました。梅所と小梅は、同じ家に暮らしているうちに、恋仲になったようです。文政二年（一八一九年）、小梅が十六歳になると、春川は梅本家にお願いして梅所を養子にしました。梅所は梅本家の長男でしたが、弟が二人いましたから梅本家も許したのでしょう。同年梅所と小梅は結婚しました。梅所はこの時二十六歳。

10 辰子（たつこ）：川合辰子は、和歌の達人でした。国学の祖、本居宣長の養子でその家督を継いだ本居大平（もとおりおおひら）という国学者が、紀州徳川家に仕えていましたが、辰子はこの人に和歌を学んだそうです。本居宣長の孫弟子ということになります。

11 野際白雪（のぎわはくせつ）：山水画を得意とする画師で、和歌山藩の御用絵師でした。

小梅は、結婚と同時に、毎日日記を書き始めました。その一部は志賀裕春・村田静子共著の「小梅日記」全三巻として平凡社（東洋文庫）から出版されています。

梅所は、藩士の息子ですから、自分も藩士であり、学習館で教えるようになりました。

結婚から五年後の文政七年（一八二四年、三十一歳）、養父川合春川が七十四歳で逝去します。これにともない、梅所は後を継ぎ、川合家の当主となりました。

結婚から十年が過ぎた頃、天保元年（一八三〇年、三十七歳）一月四日、二人に待望の子供、長男岩一郎（幼名）が生まれました。小梅二十七歳での大変な難産だったそうで、小梅はもう二度と出産はしたくないから、妾をとってくれと言ったそうですが、梅所はそんな必要はないと言って妾は持たず、結局二人の子供は岩一郎一人です。岩一郎の諱は雄輔（ゆうすけ）、字は靖之、霞山と号しました。

梅所は、かねてから儒者[12]の伝統的服装である長い袖の衣服を嫌い、ことあるごとに藩主[13]に武士と同じ衣服着用の許可を願い出ていましたが、ついに天保年間（一八三〇―一八四三、四十歳台）に許されたとのこと。

嘉永元年（一八四八年、五十五歳）、梅所は奥詰[14]となり、二十五石[15]の禄を下されました。

12 儒者（じゅしゃ）：儒学を修めた学者。儒学は孔子の教えを基とし、いわゆる四書五経を経典とする学問で、漢学の中心となる学問です。

13 藩主：当時の紀州藩藩主は、第十一代徳川斉順（なりゆき）。梅所より七歳年下でした。

14 奥詰（おくづめ）：学者の場合、藩主のそばに居て、藩主の諮問に答える役です。当時の藩主は第十二代の徳川斉彊（なりかつ）二十八歳、二年前に藩主になったばかりで、学者の客観的意見を聴きたかったのでしょう。

15 二十五石（こく）：石は藩士に与えられる給料（お米）の単位。仮りに知行地（田）が与えられたとして、その地の石高、すなわち穫れるお米の量を意味しました。当時は米の収穫の内約四割が領主の取り分、残りが農民の取り分だったので、二十五石取りの梅所の収入は、米十石位です。これは、五人の家族が生活するのに必要な給料とされていました。

嘉永六年（一八五三年、六十歳）、ペリーの艦隊が浦賀に来て米国大統領の国書を提出、七月幕府は諸大名に意見を求めます。そんな折、梅所は、藩から海防の意見を求められ、八月に「御国海防料簡書」（紀州藩の海防に関する提案書）を提出しました。紀州藩の持つ長い海岸線[16]を、武士だけで守るのは無理だから、二百人ほどの専門武士団を結成し、これを各地に配置し、村の漁師などの男子を全て戦闘訓練すること、幟や人形を海岸にたくさん立てて人数を多く見せかけ、上陸を断念させること、などを提言しました。

その年の十二月、梅所は御留守居[17]物頭格[18]となり、三十石[19]を給されることとなりました。この時家族は母辰子、妻小梅、息子雄輔を含めて四人です。

16 紀州藩の持つ長い海岸線：紀州藩の領地は、現在の和歌山県全部と三重県の南側八割くらいを含んでおり、その海岸線は、紀伊半島の外洋に面する部分のほぼ全体と、津市以南の伊勢湾に面する海岸線とになります。

17 御留守居（おるすい）：江戸の藩邸に詰めていて、必要な警備、交際、連絡などを行う役。物頭級の有能な家臣から選ばれたそうです。幕府との交渉は、原則として江戸藩邸が窓口でしたから、諸藩の留守居は留守居組合を作って、幕府への対応方法に関する情報などの交換を行っていました。

18 物頭格（ものがしらかく）：物頭は、江戸の初期は足軽を率いる大将のことですが、幕末は公務員のような職です。留守居は物頭が務めることになっていました。梅所は留守居を務めるにあたり、慣例により物頭格とされたのでしょう。

19　三十石：六人分の生活費に相当します。

安政二年（一八五五年、六十二歳）から安政四年にかけて、江戸に滞在しました。紀州藩の江戸屋敷で実際に留守居役を務めたのです。当時この江戸屋敷には、第十三代藩主の徳川慶福（よしとみ）十歳[20]がいましたから、その教育係の一人として梅所が派遣されたに違いありません。息子雄輔を連れての江戸務めでした。ちなみに、この藩主慶福は、梅所が和歌山に帰った翌年の安政五年、十三歳で幕府の第十四代将軍徳川家茂となり江戸城に入りました。梅所は将軍家茂の恩師の一人というわけです。又、江戸屋敷には、そこに務める三千人ほどの藩士の教育のため明教館という学校がありましたから梅所はそこで教えていたことでしょう。

安政二年といえば、十月二日、江戸直下が震源と推定される大地震が発生しました。紀州藩上屋敷は高台で震度五強と推定されています。十月中余震が続きました。おそらく梅所たちはこの地震をその上屋敷で経験したことでしょう。前年十一月、和歌山で震度五から六と推定されている安政南海地震（稲むらの火で有名）を経験したばかりでした。

20 徳川慶福（とくがわよしとみ）：父の第十二代紀州藩主徳川斉彊（なりかつ）が嘉永二年（一八四九年）三十歳の若さで病没した跡を承けて、長男である菊千代（幼名）が四歳で藩主になりました。六歳で元服して慶福を名乗ります。曽祖父の徳川治宝（はるとみ）が後見役でしたが、七歳の時治宝は死去し、実質的にも藩主となります。

安政四年（一八五七年、六十四歳）、息子雄輔が黒田鹿野（かの）と結婚[21]しました。鹿野は天保十年（一八三九年）の生まれで、当時十九歳、二十五歳の雄輔とは六歳ちがいでした。これで梅所の家族は、辰子、梅所、小梅、雄輔、鹿野の五人となりました。

同年十二月、学習館の督学、すなわち校長になり、四十石[22]を下されました。

このころ、梅所は、藩主に宛てて「栗林八幡宮[23]境内竹荀祥瑞考」という書を送りました。「このたび八幡宮で真冬だというのにタケノコが生えたということですが、中国の故事に王者賢を尊び衆を容れ細微を失わざれば竹葦の祥ありと書かれているのでご主君の徳のある行いのせいでしょう。これからもどうか徳をみがき、賢者を尊び、衆人の声を聴き、争いを収めて国を治める道を身につけてください」といった内容です。若い主君[24]を励まそうという梅所の気持ちが感じられます。

21 安政四年の雄輔と鹿野の結婚：実は翌年の菊枝の誕生からの推定です。もしかすると江戸詰めとなる直前かもしれませんが、新婚早々の息子を江戸に同伴したというのは考えにくいので、帰国後のことと考えました。
22 四十石：八人分の生活費に相当します。
23 栗林八幡宮（くりばやしはちまんぐう）：和歌山城の北東二キロメートル程の紀の川南岸は当時栗林と言い、そこにあった応神天皇・仁徳天皇・神功皇后を祭るお宮です。和歌山城の丑寅（北東）を護る社とされていました。今も若宮八幡神社として江戸時代のまま残っています。
24 若い主君：この書には誰に宛てたか具体的に書かれていませんが、「ご主君が渋谷の藩邸にいらっしゃった時、竹の棒を地面に差しておいたら、枝葉が出たとお聞きしました。」という記述があり、渋谷（現在の東京都渋谷区松濤）の紀州藩下屋敷に遊んだことのある主君に宛てたものと知られます。そのような主君は、弘化三年（一八四六年）江戸の紀州藩邸で生まれ、十三歳まで紀州藩邸で過ごした慶福だけです。

安政五年（一八五八年、六十五歳）には初孫（雄輔と鹿野の第一子）菊枝が生まれましたが、菊枝はその翌年の夏夭折しました。

万延元年（一八六〇年、六十七歳）十二月、次の孫岩隈（男子）が生まれましたが、岩隈も半年ほどで夭折しました。その後、鹿野は六人の子を産みました。系図を参照してください。

文久二年（一八六二年、六十九歳）、孫の米（よね）が生まれました。これで梅所の家族は辰子、小梅、雄輔、鹿野、米を含めて六人となりました。

文久三年（一八六三年、七十歳）八月、天誅組と呼ばれる尊王攘夷の志士集団を討伐するため紀州藩が出した軍隊に同行を命ぜられて、四十六日間の軍隊生活をします。その間の日記を「従軍日録」と題して書き残しました。

元治元年（一八六四年、七十一歳）六月、孫の恒（つね）が生まれました。これで七人家族になりました。

元治二年（一八六五年、七十二歳）一月二十七日、紀州藩が前年購入した蒸気船[25]に名前を付けるよう命ぜられ、翌日提案しました。

慶応元年（一八六五年、七十二歳）、国史類撰述御用肝煎[26]という役を命ぜられました。十一月には十石が加増され、五十石取り[27]となりました。

慶応二年（一八六六年、七十三歳）七月、母の辰子が他界しました。

25 蒸気船：イギリス商人グラバーから購入したイギリス製のバハマ号で、明光丸と改名されましたが、これが梅所の提案した名前かどうかは不明です。小梅は日記に、「十二万両にてお求めの由」と書いて、大変な出費の上、ごま油を始終ささないと錆びるというので、そのための出費も心配しています。

26 国史類撰述御用肝煎（こくしるいせんじゅつごようきもいり）：撰述とは著作のこと、肝煎は取りまとめ役。紀州藩は自藩の歴史書を編纂しており、梅所はその取りまとめに当たったのでしょう。

27 五十石：十人分の給与です。

慶応三年（一八六七年、七十四歳）三月、「左氏春秋考徴[28]」三十巻を学習館奉行水野多聞に提出しました。梅所がライフワークとしてきた「左氏春秋」の研究[29]の一環として、中国と日本の主な研究者の説を集めたもののようです。出版するから清書して提出するようにと藩から命ぜられ、アルバイトの清書人を雇って清書して提出したのですが、藩は、二度の長州征伐への出兵を始めとして出費がかさんで財政窮乏し、出版を断念します。梅所はさぞかし落胆したことでしょう。その年八月、梅所は、後世左氏伝を学ぶ人に役立ててもらいたいと思い写しをとって家塾に残す、と書いています。

28 左氏春秋考徴（さししゅんじゅうこうちょう）：左氏春秋は春秋左氏伝、左氏伝、左伝とも呼ばれます。考徴は「考察を集める」という意味です。「春秋」は中国の紀元前七〇〇年ごろから二百五十年間の歴史書で、孔子が編集したといわれています。とても簡潔な言葉で書かれているので、多くの中国の研究者が注釈書を書いており、そのうち最も信頼されているのが左氏伝です。孔子の弟子左丘明が書いたといわれています。

29 左氏春秋の研究：「小梅日記」嘉永二年（一八四九年、五十六歳）八月には、梅所が同僚の学者数人と共に家で「左氏会」という会を持っていたことが書いてあります。勉強会でしょう。

同じく慶応三年（一八六七年、七十四歳）四月二十八日、中奥詰を命じられ、藩主の学問の相手をすることになりました。当時の藩主は徳川茂承（もちつぐ）二十四歳でした。

しかし、同年十月十日には、高齢のため定例の講義はお役御免になり、藩主から直接、綿入れの着物を下賜されました。

明治三年（一九七〇年、七十七歳）四月、藩の許しを得て隠居しました。これにより息子の雄輔が川合家の家督を継ぎました。雄輔には無役高五十俵[30]が給されることになりました。

明治四年（一九七一年、七十八歳）六月十七日、死去。妙宣寺[31]に葬られました。死の前日、風雨で散った蓮の花を惜しんで、花弁を集めさせ、寝床に置かせたそうです。蓮の花の中で旅立ちました。妻の小梅は、梅所の肖像画と共に蓮の花の絵を何枚か書いて、それに梅所の友人たちに頼んで詩を書いてもらい、家に置いていたそうです。

明治十六年（一八八三年）五月十三日、正午から五時過ぎまで、梅所の追善会が開かれました。十三回忌を期しての企画ですが暑くなる前にと少し早めに開催されました。場所は市内の朝椋神社[32]。かつての学習館の関係者が中心となって発起し、小梅、雄輔その他の親族を含め百人ほどが参列しました。

30 五十俵：十人分に当たります。父梅所が受けていた五十石と実質的にほぼ同じです。ただし、石でもらう人は「知行取り」と言って、俵でもらう「蔵米取り」より格上の上級藩士でした。ちなみに、和歌山藩は、梅所死去直後の七月の廃藩置県で和歌山県になりましたが、米による給与は、明治八年にお金で支払うようになるまで続いたそうです。

31 妙宣寺（みょうせんじ）：覚王山妙宣寺は和歌山城の南一・五キロメートルにある日蓮宗のお寺。身延山久遠寺が本山です。妙宣寺のホームページには後に梅所の墓に葬られた小梅のことが書かれています。なお、その後川合梅所とその家族の遺骨は、東京都立多磨霊園の四区一種二十側に建てられた川合家の墓に移りました。梅所の末の孫春栄の嫁いだ平野家の墓の前に並んでありました。しかしながら、この墓は跡を継ぐ人が無くなって、平成三十年ごろ撤去されました。今遺骨は都立小平霊園に眠っています。

32 朝椋神社（あさくらじんじゃ）：和歌山市鷺ノ森明神丁にある千年以上の古い神社で祭神は大国主の命です。和歌山城から真北へ七百メートル、かつての学習館から五百メートルに位置します。

付録2　川合家の系図

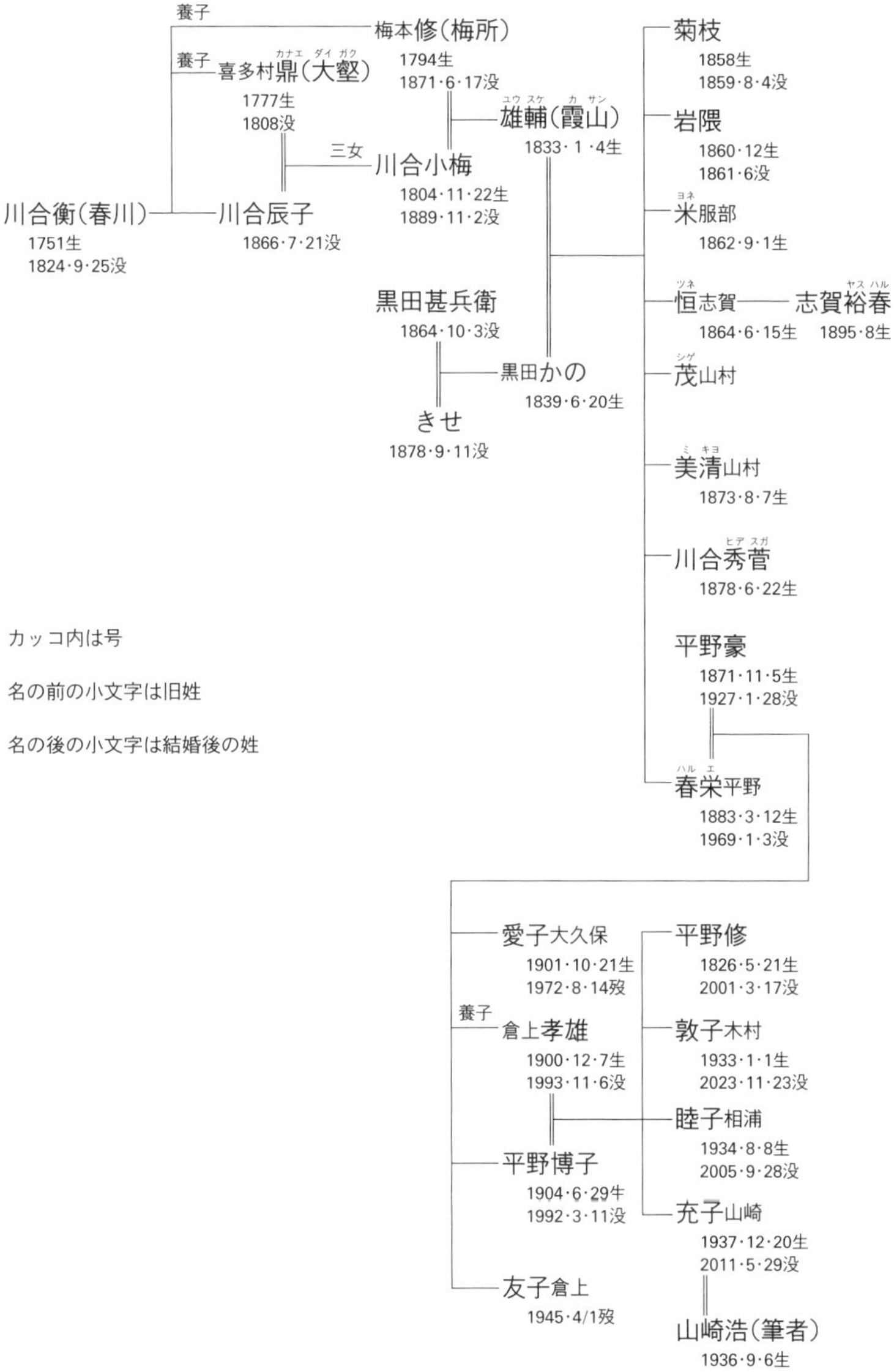
養子
梅本修(梅所)
1794生
1871·6·17没
養子
喜多村鼎(大壑)
1777生
1808没
三女
川合小梅
1804·11·22生
1889·11·2没
雄輔(霞山)
1833·1·4生
川合衡(春川)
1751生
1824·9·25没
川合辰子
1866·7·21没
黒田甚兵衛
1864·10·3没
黒田かの
1839·6·20生
きせ
1878·9·11没
菊枝
1858生
1859·8·4没
岩隈
1860·12生
1861·6没
米服部
1862·9·1生
恒志賀
1864·6·15生
志賀裕春
1895·8生
茂山村
美清山村
1873·8·7生
川合秀菅
1878·6·22生
平野豪
1871·11·5生
1927·1·28没
春栄平野
1883·3·12生
1969·1·3没
愛子大久保
1901·10·21生
1972·8·14歿
養子
倉上孝雄
1900·12·7生
1993·11·6没
平野博子
1904·6·29生
1992·3·11没
友子倉上
1945·4/1歿
平野修
1826·5·21生
2001·3·17没
敦子木村
1933·1·1生
2023·11·23没
睦子相浦
1934·8·8生
2005·9·28没
充子山崎
1937·12·20生
2011·5·29没
山崎浩(筆者)
1936·9·6生

カッコ内は号

名の前の小文字は旧姓

名の後の小文字は結婚後の姓

付録3　天誅組の行動概要（主として町井台水「大和日記」による）

文久3年

8月14日　夜、中山忠光、38人の義士と京都を発ち伏見で乗船。

8月15日　大阪の土佐堀で上陸、同志加わる。夜、天保山から出港。

8月16日　早暁、堺に上陸。河内狭山藩に出迎えを命じる。水郡ら3名参加、水郡家に投宿。

8月17日　昼、観心寺着、旗揚げ式後村上天皇山陵に参詣、2名の同志が加わる。16時、**五條**代官所襲撃、代官以下5人殺害。桜井寺を本陣とする。

8月18日　三在村で豪農内原を罰する。夜京都から平野次郎国臣、安積五郎、三浦主馬等が諫めるため到着するも、逆に激励。平野は但馬の農兵と共に呼応することを約す。

8月19日　夕方、二見村で紀州兵を迎え撃ち、紀州兵紀見峠に退却。夜、18日に起きた御所政変の報来る。対策として五條の郷士を募ることを決める。30人ほど参加。

8月20日　五條に60人を残し、10時ごろ桜井寺を出て夜8時坂本村に投宿途中堀又佐衛門宅で昼食。

8月21日　**天の川辻**に本陣設置。

8月22日　このころ五條で10門、天の川辻で12門の大砲を木と竹で作る。

8月24日　十津川郷士・農兵、千数百名が集まる。

8月26日　早朝、高取城を攻めるが敗け、五條から天の川辻に撤退。

8月27日　五條、和田に宿陣していたものが天の川辻に引き揚げる。

8月28日　中山、新宮に出て海路四国か九州に移動、捲土重来を期すことを決定。夕方天の川辻発、**長殿村**に宿泊。
8月29日　中山、旗本勢だけ連れて**風屋村**に移動。五條の藤堂藩本陣に出した使者、渋谷伊豫作捕らえられ、帰らず。
9月1日　中山、川漁。夜、**富貴**の高野山兵を夜襲、放火。高野兵逃走。夜、**恋野**の紀州藩兵に夜襲、放火。紀兵逃走。
9月2日　中山、**武蔵村**に移動。
9月3日　多くの同志が和田、橋本、下市方面に展開、橋本で放火により敵を追い散らし、下市口梶原峠で勝利。中山、こうした志志たちを見捨てて新宮に行くことは忍びないとして、五條から大阪へ向かうことにする。
9月4日　中山、武蔵村から**風屋**に移動。
9月5日　中山、**辻堂村**に移動。
9月6日　中山、**天の川辻**に移動。紀州勢富貴口から、藤堂勢（本陣五條）和田口から、井伊勢泥川道から、郡山、高取なども含め数千の大軍が迫る。天の川辻から2里北の**北曽木**（ほくそぎ）を本陣とすることに決め、天の川辻は後陣と定める。上田宗児、半田門吉、十津川の郷士募集に行く。
9月7日　北曽木に移動中、**大日川**（おびかわ）で藤堂勢と遭遇、4時間位銃撃戦にて、藤堂勢退却。藤堂兵4、5人即死40人くらい負傷。安田鉄蔵負傷させる。この戦いの直後、同志の内17人が組を抜け、十津川の奥に行き、金を奪ってどこかに逃走する。中山、北曽木をやめ、本陣を**銀峰山**（ぎんぷさん）と定める。
9月8日　**銀峰山**（大日川の北東5㎞）に移動。

9月9日　銀峰山で井伊と藤堂の攻撃を受け、銃撃戦。彦根藩兵を**上の平**まで追い退ける。下市口の川岸に井伊兵来襲。橋本若狭、安岡嘉輔応戦するも退却。橋本若狭の居宅と丹生明神を焼かれる。夜、下市の藤堂の本陣を焼き討ち。大勝利。負傷者は無し。夜、下市の彦根藩兵を焼き討ち。下渕の郡山藩を銃撃牽制。夜、中山、銀峰山から夜中峠を経て**大日川**に移る。

9月10日　**大日川**に滞陣中、藤堂勢に攻撃されるが、銃撃戦後、急に藤堂勢が去る。後で、紀州、井伊、藤堂が三方から攻める計画だったが、昨夜の下市の井伊勢ほかの大敗北のため中止となったと知る。

9月11日　丸薬払底のため、ひとまず十津川に引籠ることとし、**天の川辻**に帰る。

9月12日　中山、夕方、天の川辻から**小代**に移動。30人余が天の川辻に残り荷造りに入る。

9月13日　**中山**、**坂本**を発ち、険しい山道を経由して、**辻堂**へ。さらに長殿山を越え、夕暮、**上野地**に着陣、暫く滞在予定。

9月14日　京都から十津川郷士13人が帰村し、風屋村に野崎主計、戌亥十郎を呼び、これ以上天誅組に従うなら朝敵だから、十津川は戦火に見舞われると伝えたため、野崎主計始め郷士のほとんどが協力を止め、帰村する。

9月15日　朝、**上野地**本陣にて、中山主将解散を宣言、水杯で別れの乾杯。天の川辻の部隊が荷物を運びだそうという時、富貴口から紀州勢、五條口から藤堂勢、簾口から井伊勢の攻撃を受け、本陣に火をかけ退却し、夜、長殿村に宿陣。

9月16日　天の川辻の部隊が上の地に帰る。総軍、**風屋村**に移動。

9月17日　**小原村**に宿陣。

9月18日　**下屑村**に宿陣。残っていた十津川郷士3人も帰村。
9月19日　本宮に向かうと見せて尾鷲に行く計画。**大峰山**で野宿。
9月20日　夕方、北山郷**中浦向村**に着く。
9月21日　紀州が道を塞いで守っているので、籠鳥状態と知る。尾鷲をあきらめ、吉野の東を回って河内から摂津に向かうこととする。**白川村**の寺に宿陣。
9月22日　総軍大いに疲れ、白川村に滞在。
9月23日　昨夜、村民全員逃げ去る。人足が雇えないので、多くの荷物を寺に集め寺もろとも焼く。病人を乗せる籠は10以上、仲間が担いで9時ごろ白川村を発つ。
9月24日　夜明け、**伯母谷**着、休息。9時ごろ出発。**和田**を通過、夕5時ごろ**鷲家口**手前半里に百姓が出迎えている。案内させて夜、鷲家口に接近、約40人で井伊勢の陣地二つを撃破、次の紀州勢の陣にも切り込み、かけ抜けたが、鷲家に紀州の大軍が居てこちらは17人になってしまったので、戦闘を止め解散して落ち延びることとする。中山は従う6人と共に山を登り、山中泊。
9月25日　（ここからは中山一行7人の行動）昼前、山を降り、向かいの山頂で方向を見定め、山をいくつか越え、密かに百姓家で飯をもらう。宇陀に居る井伊の本陣を迂回して石清水の村を過ぎ半夜峠を越える。
9月26日　早朝、**三輪山**着。少し寝て山を下り、桜井周辺の藤堂勢による探索を逃れるため民家の小屋に潜み、夜案内をしてもらって間道を行く。
9月27日　夜明け**高田**の駅着、午前9時ごろ大和と河内の境の峠着。茶屋で食事。昼過ぎ大阪着。敵勢を避けつつ**道頓堀**の丸一という料理屋で飲食し、身なりを整えて日暮れに船に乗る。

付録4　天誅組補遺

梅所の従軍日録では、倒幕を期して蜂起した集団を「天誅組」と呼んでいます。今でも多くの歴史書では、そう呼んでいますが、その倒幕集団自身は、自分たちを「天忠組」と書いています。天皇に忠誠を誓う者という意味でしょう。また、この集団の行動を、周囲は「乱」と呼びますが、集団自体は「義挙」と呼びます。天皇の意向に逆らっている幕府の不義を正す行為だということでしょう。

明治維新で幕府が倒れ、天皇を中心とした新政府の時代になって、天誅組の人は多くが天皇から位階を授かり、靖国神社に合祀されるなど、名誉回復がなされました。わずかに生き残った人は、明治政府で大変活躍しています。

現今、天誅組について書かれたものは膨大なものが世にありますが、乱における天誅組の行動について興味を持たれたら、天誅組の人自身が書いた記録を読むことをお勧めします。そのような記録の代表的な二つを紹介します。

伴林光平「南山踏雲録」

伴林はもと僧侶で、国学に傾倒し、大和の国で多くの弟子を育てていました。当時五十一歳。八月十八日五條に居た天誅組に馳せ参じ、中山元侍従から記録係を命じられました。伴林は、その記録を天誅組総裁藤本津之助に託したと南山踏雲録の中に書いていますが、残念ながら今も行方不明です。この南山踏雲録は、伴林が九月二十五日に大和の斑鳩の北方で奈良奉行の捕吏に捕らえられてから十月十一日までの間に、回想録として獄中で書き綴ったものです。百三十首に及ぶ和歌に、また文の随所に、国学者としての本人の想いが溢れる、まさに回想録です。伴林はその後京都に送られ、翌元治元年二月、十八人の天誅組同志と共に斬首されました。南山踏雲録は、次の本に収録されています。

・保田與重郎著「南山踏雲録」昭和十八年十一月小学館発行

半田紋吉「大和日記」

半田紋吉は、元久留米藩士で、当時三十歳。六月十四日京都出発の時から天誅組に参加し、最後まで中山と行動を共にしました。大和日記は、長州に落ち延びる船の中で書いたという天誅組の行動記録です。南山踏雲録とは対照的に、客観的な記録として書かれており、メンバー各人の日々の行動など記憶だけでは難しそうな大変詳しい内容で、伴林の記録を参照しているのではないかと推測されます。最後は九月二十七日夕、「茶船ニ取乗リ酒ナト飲ミツツ何方トモナク行衛シラズ落チ行キ給フ」と逃走先を隠した記述で終わっています。半田紋吉は、翌元治元年七月、長州勢による京都奪還の戦（いわゆる禁門の変）に参戦し、討ち死にしました。

大和日記は、次の本に収録されています。

・土方直行編「大和日記　全」明治三十年五月田中治兵衛発行

この本で土方直行は「大和日記」の後に「大和日記補」として、中山元侍従始め多くの天誅組志士の最後を記録しています。

次は、かろうじて鷲家の戦闘を逃れた天誅組残党を追討した人の記録です。

町井台水「南討紀略」

町井台水は、津藩の武士です。当時二十八歳。津藩の正規軍（藤堂新七郎、藤堂玄蕃の部隊）とは独立に三十人ほどの部下を率いて九月二十四日出陣し、九月二十五日大和の古市藩邸付近で天誅組の五人を逮捕、さらに二十六日桜井付近で二人を切り一人を捕らえました。さらに中山元侍従の行方を追って大阪の長州藩邸に行き他の藩と共に中山の所在について詰問しましたが、すでに海路西に向かったと知り十月二日兵を収めました。その経緯を記録しています。

付録5　「従軍日録」写本

文久三年、癸亥之秋、八月十八日、國老水野大夫、俗播
彫奉命爲主將、警干浪華傳法磯臺、火速治兵備、部
下精兵凡五百人、國家常分兵爲一二三、應事變遣
軍、時大夫帥二千兵、同夜比四更、頻叩紫扉徵役書
至、予即與保田某稱良藏以儒屬焉、匆々旅裝、明晨十
九日發驛府、大吏鐵騎擧鞭以指揮、號令明肅、將士
慴服、不敢枝梧、徹夜陪道行、予素乏濟勝具、至山口
驛足稍病、乃僦竹輿疾走、行與舁夫談、至山中驛、日
落暗黑、數百灯燭、烱々徑明、至信達驛、脫腰粮救小飢、
而疾走至貝塚驛、夜已四更、旅兵僕從少憩各食飯、

自此徹竹輿徐步、經岸和田城、東方既明、左右流目、口吟而行、至堺朝食、自此齊隊列、衆整飾、天下茶屋喫茗果小憩、途拝住吉過、未時至浪華、宿於幸橋水濱、有紀會官舍、大夫居之、部下分寓其近隣某商家、予與軍師小倉某（稱惣兵衛）橋爪某（稱武之助）軍貝師今木某（稱義平次）保田某同宿於南堀江橋通魚虎肆、小普請郎長九鬼某（稱四郎兵衛）及郎衆、亦宿其別室、其夜謁大夫勞問歸、沐浴安寢、

廿一日暁、大夫遽以部下上京、裨將大番郎長木下某（稱次郎四郎）為礮臺處守、郎衆及予等止、義某威令以警、橋爪某保田某從而發、

廿三日早晨与小倉某今木某謁禅將、請一見浪華城、
見許、即各從家僕、取路于道頓堀行、东西有雜劇場、塵
跡最囂、輿馬嗔咽、门戸為市、仰觀招牌圖像、盡皆締繡、
類極華靡、氣惧魄褫、詣高津、石磴疊々、攀躋數百步、乃
謁　仁德天皇之社、堂宇高豈、榱題數尺、望天保山歷
々在前、復路而下、街衢迂曲、緩步回顧、從寺街經本街
而至予井蛙初視粉壁、忽驚城郭宏盛、萬雉層出、樓櫓
如繪、巖々翼々、城湟碧深、洋々水連、其壯偉閎燿、殆類
鬼工、堅固如此、真金湯城也、予謂小倉某曰、豊公極盛
之時、輕蔑天下、并呑豪俊、相四方之土地、以立基于此、

以為万世不易、其卓見雄志、古今誰不仰、然不三世而
滅亡者何也、噫、以在德不在險也、方今天下多事、泰上
之將變、蕭牆之患益深、如然則斯堅城、誠　幕府之第
一咽喉也、徐歩而囘十里有餘、湟外廣原設練場、旁立
標柱、記定番衆、時演西洋隊、至天神橋、日已亭午、於是
相共繙腰糧、踞茶肆啜飢、而後謁菅公廟、市肆甚盛、遊
人往來紛錯如織、旁有粉戯院本小説場、絃鼓木柝鏜
々、囂々至座摩稲神、亦有雜戯諢語場、履声轟々、經花
柳街、却蕭靜、惟一二窈窕娼婦、徜徉徘徊、目逆而送之、
康達曲折而行、経高麗橋、市廛亦高麗、萬貨輻輳、鱗次

中有姓三井者、商賈之魁楚也、廛廣横凡三十楹、從若
干楹、寛豁深靚、軒端垂帷、染三井字為標、業販繒帛布
及雜色、賓客買来、尽日雜遝、皆歎其盛、至東本願寺、棟
宇熒煌、炫奪人目、觀西本願寺亦同、時聚翁媼而法談、
暫跪坐而聞、講僧壇上、高譚雄辯、懇説大人小人之
事曰、各尽分奉上、則自適阿彌陀意、衆感涙合掌三拜、
予亦投冥加錢（俗稱冥加錢）法談封銭供仏而去、粗探名區到日
廹桑楡、予素鈍足、加之以前日之勞、步々甚痛、伶仃而
帰、即賒一杯酒、徼醺就睡、
廿三日、我

君公遽發稗城而上京此日天色明晴秋氣爽涼自貝塚駅至浪華次于八軒屋邸牙軍弓鉄槍劍手凡二萬餘人、毎衢觀者如堵墻其陳列嚴整衆皆感歎、二萬餘兵分宿于旅亭茶肆雜卒或枕裝齎臥廡下、予午餐後、與同寓子従木稗將奉迎於天満橋、晩而帰、先是本月十八日、京都有異變、孟浪士向
天朝發檄為乱於是京師戒嚴飛詔徵諸侯勤王、
幕府亦飛檄徵大諸侯、
天使幕使往来如矢以故我
君公急齊軍至焉犬夫之役予等之屬至亦以此故也

云時淀侯警於堺町門、細川侯於寺町門、土佐侯於廣
小路門、阿波侯於石薬師門、備前侯於今出川門、雲州
侯於戌亥門、加賀侯於中立賣門、會津侯於蛤門仙臺
侯於下立賣門、因州侯於南門、黒田侯於澤平门、中川
侯於猿街、戸田侯於日野門、各國槍攘、
廿四日破卯、
君公發程赴于京師直入二条城、鎮撫京内此日小倉
某出訪親友予患足痛、終日被衾頻促睡魔齊牌遣僕
買酒、酌無下物、只舐白梅、與同宿子交杯憂形勢而慨
談街鼓報三更即微醉而同寢、

香火下有駢集、臺
跡紛々然、比乇神一
陪宿實之、遂吉[?]折而
帰午廿字誤脱

廿五日、予有微恙、眩暈鬱陶、乃誘小倉某、緩歩逍遥街、
行々遥望堂々一梵宮、近到老婆念佛声、響于四隣、即
阿彌陀池也、池中央有小々橋、倚欄少憩、水古碧青、數千
小龜悠々自適、寺中有傀儡楊弓塲、香火炊前也、命食
了、召按摩師慰足痛、服紫金錠鑿微恙、平臥微暁、
廿六日夕、裨將使至、招予等、即與同宿子至其旅館、討
論形勢、慷慨移漏、時聞水大夫自京師守護會律侯受
征和州浪士之命、俄然發京師、徹宵至于浪華、直率擧
軍而發、共帰匆々治行裝、先是浪士凡百人、奉中山侍
從中山中納言嫡子爲將以起兵所在爲乱、初畧和州五条、殺

郡令鈴木源内以下若干人、其黨將蠶食諸州、自斯五条
猋然向風、不逞之徒脅從之倫、日々相聚、兵至三千餘、襟帶
天之川據之、分兵燒畧村落、故有此命、嚮者一年、稗將紫山
某、（稱太郎左衛門、大番郎長）三年、參將某、（稱五助、大羽林郎）稗將金森某、（稱金
十郎、大番郎長）別部稗將坂西某、（稱又六、大番郎長）副將富田某、（稱甚左衛
門、大番郎長班）長野某、（稱七郎左衛門、大番郎長班）又爲一方將、各陣于
某地征討、大夫爲其總督、津田某、（稱楠左衛門）報福寺某、（稱道
菴）又別擧旗以進戰、
廿七日午食蔆魚、虎肆、殷懃謝亭主而別、比浦時、大
丈至于八軒屋郎小憩、直蔆浪華向界、予等三人、皆從、

本下某及大番郎、有故而止焉、時池田某（稱喜右衛門大番郎長）
以郎衆代警于碉臺未至故後而發去至堺夜已三更
騎将徒士及雜卒具疲寒々各假寐而憩、既而東方白
鳥雀繞舎鳴、早々朝食、
廿八日發界、而向河内、岸和田兵警于路左見楔山
行指金剛山以談古、至三日市已晡時、衆食午飯、自斯
山行崎嶇間關、羣峰聳疊、峭壁屹立、峡路日暝乃燃
蠟燭或松明、攅槊雄歎而攀、至紀見峠、即我國境也、夜
幾二更、少止足而息、予足頗痛、僕亦痛矣、採竹輿絶
無、才于倚竹杖而下、至其村蹣跚不堪勞憊、請村民以

借賁、衆之而至橋本宿、食了困睡、衆人鼾息如雷、其疲可推而知也、

廿九日未時、大吏師部下至于和州五條、將驅浪賊騎將及徒士、皆渾脫而行、先鋒隊已著甲鎧、各自把鎗或砲、鼓譟而進、軍旗旆々、滿野塵揚、五條驛街人左右列、低頭羅拜、抃舞無限、至櫻井寺、禪將柴山某、以屬兵先陣向者浪賊、據比寺以爲壁、攻高取城、高取（植村侯之城邑二万五千石）示弱以誘之、設伏於數處以待、賊驕氣滿盈、吶喊鼓至、伏兵俄起而夾擊、銃丸如矢叢集、賊兵酣戰良久、高取大有勝利、賊遇不意、敗績

而逃走遂退陣於天之川二三日前、残黨猶居之故彼
兵器散乱而存者許多我軍盡取之、時暗夜照燭以
警擄報比至柴山某出陣當敵衝、倉卒中因賊謀
四人、其夜大夫慮歒放火襲、暫相形勢、而遂歸
于橋本、
晦日比晡我装而進、大夫鳴鞭、騰氣益壮、路報冦
至即止於橋本東兵庫村結陣、露次不營、衆皆甲
冑持戟、銃隊交雜而陣、予亦鐵衣與戰士為列、警於司
命之側奮鋭一陪、前峯徘徊往々燃火、設疑兵以欺冦
報次至、大夫按軍不敢動、深夜露降、郊野風戰烈、此

明賊退去、我軍亦偃旗而退、此夕柴山某陣於五條、横
幕某（稱長柄故加納大丈之臣、置宮府周旋方）至軍中、吐抗言而激論、遂爲部
下所殺、提學荒巻某（稱左源太）亦在軍、自引於櫻井寺、直稱
病反於稗山、衆說紛々、不知其確、是非茫然、
九月朔日息兵于橋本、以養鋭、且議籌策、自薄暮被
食熟睡、
二日曉比雞鳴、大丈竊發橋本、而還稗府、以書託軍裨
將、部下無一人知者、予早朝以建策將謁大丈、路聞而歸、
鬱陶、不知何謂、士卒亦動搖不安、時衆集于橋本、即予
亦至、皆將追還於稗府、司農小出某、（稱平九郎）監察長坂

某、稱主馬以大義曉喩衆、即退、予復再三別奏議、一歸稱府、面折大吏、欲以大吏之黨反于軍、遂不用、擧軍遅留二日不出陣、

四日大吏遂以病養于家、三手參將井關某、假爲總督、處橋本以指揮諸軍、裨將某即承令、過午以部下陣於戀野村、橋本東國程二里強同寮保田某有疾養于旅舍、予從至、先是浪賊、深夜窺睡、寇于戀野、掠奪金銀雜色、縱火豪家而去、時總軍居於橋本、只視焔火、而不分明何村、以道遠且隔紀川也、防戰不及、故出張軍幕、塞寇路焉、時與橋爪某藤村某稱弘之亟西条侯之臣時屬大吏爲

軍師軍史畠田某稱綜三郎在牙陣、朝暮謁見裨將、探詳賊勢、
以議攻守每食團飯一顆、白梅一子、一日夕糧二更猶
未至、不堪枵腹、共覓熟豆萁、瀹以飽食、偶村翁携濁
醪一瓶惠來、衆皆欣然、一杯以止渴、鋭氣稍增、遂澆
鎧談論古戰、不寢而至明、結營三日無異事、總督
也馳書、使轉營於高野山、
七日曉退陣、經橋本而渡紀川、旅兵齊行、時秋天爽明、
各兵之渾脱翩々映朝暉、左顧右眄、無不疊峰嶂、路上
下至加稱小憩、渡千石橋、奇巖聳峙、碧潭激流、左右風
勝殊好、至神谷旅亭午食、而路遇故人崖彥輔、著小鎧

來輕輿暫傾蓋而語彦輔曰予屬津田氏陣於天狗木、自野山峯二里而近與報福寺兵爲應援本月五日賊在富貴村即和州領也報福寺在杖藪自野山至二里有餘果毅而進決戰有利賊退夜放火富貴而去予令下于橋本而與井關謀約藤堂兵、時兵在五條互爲犄角、總軍一擧陥天之川、相別而行、經四寸巖衆皆歎奇至四十八曲坂引節徐步崎折轉而攀躋不動明王窟烟艸而息、至女人堂日落虞渕、從僧出迎、即從路經青巖寺大德院而至於小田原園滿院宿焉、時坂西某富田某長野先登警戍一山、八日息兵、裨將招某々軍長及軍師予等以討論兵制

牛後與小倉某檇允相携而謁于大師奥院、杉樹森々
槮々、閑靜、拝堂之佛燈數千點耿々晝夜明四面景色泉
石苔蘚、皆古而幽雅、站立多時、歎美矚目、而後恭拝于
天朝幕府、及我　祖龍公而下世々靈碑、諸藩碑墓左
右纍々、多田滿仲碑、並在　龍公側、訪木食上人、閑室
清談、日暮而歸、裨將復招衆長、以使論地利營塲、予亦
與焉、初監察長坂與坂西謀、欲分兵爲四以營某々地、
衆長不肯、各陳利害、裨將參決衆議、以旅兵分二隊一隊
陣於摩尼村、（自野山至二里而近）爲報福寺援兵、（時陣杖萩）九鬼某川合
某（猶善太丈先鋒隊長）爲其隊將、一隊陣於天狗木、愚自師之、以

爲津田氏援兵衆即承令而退、
九日晩予折院裏霜菊来與同宿二上某（通左仲羽林郎小長）
等洗以杯賞重陽朝食從禅将而至于天狗木經萬人
峠有陣営拔西之壘兵俳優警戒、過津田某立談小憩、
峻嶮徐歩而攀四面疊峯渓壑眺望甚好、過午乃至、山
麓惟有一茶肆、衆宿陣于斯其絶頂曰陣峯、崔巍聳拔
孤峯特立而四方豁明、二十四國隱々在目睫、往日津
田氏設營以銃鎗警、亦設柵門于要所遣丁男守、立義
烈旗以張軍聲、誠高野一山之咽喉場也、時粟山某（通儀
平号木洲）岸某（通嘉一郎）山崖某（通彦輔）爲津田氏謀士、予過粟

山等、相共談論賊勢、且畫攻計、茶肆屋外、以杉木築柵、設一門、高門外因嶺自爲礮臺、臨磵徑安西洋礮數箇、又備竹楯以防矢石、夜舉燎火於諸嶺、而張疑兵、干掫撃拆、要環營外、守吏以警、帥與諸長在千牙陣、陋室中主僕混淆同衾同袍、頭撃肩摩、蹈藉而假寐、兵粮自野山宿坊饋至、將士各掬摶飯食不用箸、時十餘兵之厠室僅二三而已、以故雜卒自在屎便、到處輒踏糞、步々不視地、乃難來往、衆蹙額厭糞溺臭氣、痛徹鼻底、不能自防、恰如坐厠中、水亦太匱乏、從肆而下十五町、僅々汲溪水來、或以擔霤、引取於嶺上、其窮不可勝狀、夜

比四更賊縦火于野川、村在溪底自木下行一里程天狗椋奪、搪報至、
義兵津田氏以義烈為号兵皆帯其牌閃霜鋒進、勇氣尤鋭、我兵徹曉
固警、
十日搪報亦比至、賊數十人各甲冑尚在野川、忠兵總
督以忠為号兵皆帯之大番郎一隊踵義兵而進戰衆皆戎装或
小鎧、柵門外陵、齊列魚貫而降、各手揮霜鋒行、閃々映
朝暾、勇氣一倍、時守兵甚寡人、皆危而目、彼常用奇兵、
恐乗斯機而襲来、有裨将招予曰、形勢如此、衆議寔然、
如今夕何足下為我説事田於坂裨将、挙摩尼兵来、郎
義命而至于野山坂裨将以部下巡警奥院、直往謁、墳

幕中畫地談論、今摩尼兵為一、請明将之蜀兵半爲
報福寺後陣、時坂禅将警戍大門、無敢進意、遂不肯分
兵帰至圓満院、日既没、漸食午飯、聞摩尼隊将九鬼某
帰在宿坊、即往談事件、其奮激直率小普請郎半隊将
予天狗木葛人峠、過監察長坂立談軍事、九鬼有故而遂
反旆、予自持鎗、燃松明一抱、獨歩而攀、徑聞蹊間喞々
鹿鳴二三聲、偶口吟行至茶肆、夜過四更、謁禅将、縷々蕭
自時野川賊兵、聞風逃散、忠兵義兵亦歸陣、達明無警
十一日、木禅将以蜀兵還於高野、津田氏亦退陣、遂上京、
九鬼以小普請郎一隊、(一隊三十八人)自摩尼東代戍焉、時聞

參将柴裨将進陣於富貴穀福寺、襲取於鳩首賊砦、
山高大吏（倍稲旅進）張軍於惡野、以處分諸兵、初大吏從
于
公駕左京都水總督、以病辭、表大吏、即奉命、代爲總
督、速装而陪道來陣焉、
十二日、訪清水其渊、（擁和十翀）其渊與野呂訥菴、猶（八十一歸）以儒
屬坂裨将爲幄中謀士、時訥菴以官事歸于稺府、即對
其渊論事務、慨然傾一瓢酒、辭去而觀大門及七堂伽
藍、其高大如涌山、欀盈翬飛、繕作精巧、其一堂燒燼遺
址存而已、大門左右有營、坂西之部兵備銃槍以嚴警、

遂回視諸院寺、而歸于宿坊、夜木禅将、招羽林郎、菜饌
設開宴、予亦與席末、偶醉而退伏眠、
十三日過午、木禅将以部兵至於天狗木、予亦從九鬼
以郎兵而退、養鋭於野山、夜躋陣峯而賞月、塵襟灑然
與雄士両三輩、取觶交酌、屠塩魚、偶鮮菜、勢如樊噲
氣、吟謙信十三夜詩、却恨雨脚徘徊、朦朧月暗、有頃萬
籟蕭々、山鳴谷吼、落葉撲面、寒從肌骨、郎就燎火
温身、遂下而回營外、哥陣跳坐而假寐、
十四日隊将九鬼川合峯摩尼兵来、越天狗木而進
陣于今井、村經野川而至若干里 薄暮藤堂兵攻取于天之川

賊黨賊縱火民家遁於十津川将中山侍從亦遠逃去
然藤堂不獲一首級惟取器械若干自斯賊勢微弱
十五日木裨将以擧軍進于今井於是両隊為一營拔
西之副将富田前陣茶肆（物卿即杖）濵路吹哱囉進上齊
列而行至野川賊火民家煨燼猶燃先銃争捕一人即賊
諜縛而行至一村皆埋什器于山際而老稚離散家々
空虚近村都然蓋畏兵燹也軍吏令各兵宿陣于
某々家飲茶無一箇碗盛醬無一掬儲寝無枕衾
照無燈油土人多食黄稗或麥蕈芋職以薪
為炭旅衆皆窮其態不異露次中夜大小銃合

放叢二三、愚民戴心者爭出請命、盡宥之、又誘中原
村自今井至戴心者、衆喜而歸、至自今井至中原（若干里）
嵝山路、賊從絕壁、斫大木石殊石礫互雜、設機塞之
山巓為屯營、以覘紀兵至、時賊自前日之敗破膽股
栗、亦聞紀兵三千自茶肆壓來、奄棄營而奔散、
時自中原斷而村々警、即命二村而速除去、明日將進陣、（股已為賊土）
十六日、監察長坂尤果敢、則與木稗將決策、曉天不整
旅兵、破律而叢行、磧間撥路過殊木機險二村農叟掃
除尚在山頂、石礫大樹、俄然落而聲磅礴、先鋒士忽驚
而止、雜卒見山頂之人、又聞轟御警以為真敵、亂走 而

自相蹂躪、有或曳兵而走、或棄甲鎧而走、或陥深峡而
傷、今井亦聞風大怖、牽牛疾走、火兵逃走、無一人在竈
下、（時火兵在今井欲爨而饋）軍吏止之不已、遂齊隊而行、離卒追至經
亦捕賊諜二人（十津川人）即反縛之、至于中原、次于茅蘆、五
十歩百歩之争興、衆胡盧而大笑、有頃竹露書至長坂
某所有故而帰于野山、申牌秋雨霏々、風戦蕭々、銃隊
各分探巣窟大小、放発各数十、星正自首曰、吾一村見劫
讐服、自賊蜂起、擒天誅来（賊唱尊王為乱所在殺人掠加天誅故時人号天誅組）
數日又舍天誅數日、而今已逃去、必無一人悍伏、昨移
撒徴偸、遂不行、時因積谷村民（十津川並村）三人事與軍

師鞠問皆嘗脅従役賊、逃而歸者、哀赦之、以為御導深
夜雨甚軍談徹曉、
十七日雨晴煙霧盡散、前峰幽壑楓葉桕樹、霜染猩紅、人
皆稱絶景正午前晨飯猶不至、衆買粟貪食、予亦買
麥蕈羹、味極淡、然聊足救饑、時藤堂某稱玄蕃前鋒主將
藤堂某稱新七郎後鋒主將參帥兵陣於坂本自中原至若干里天之川街麓村
郡山陣於葉原村自坂本行若干里天之川街近村藤堂邏騎土瀬某稱彥右衛門
至千木下牙陣、約應援鐵衣上被、白渾晚、背冑而
謝拚、我邏騎榊原某稱忠次郎揖待、予亦揖之問天之、川街
戰功、答曰云々、共談策畧而別、此夕藤堂轉營陣

於長殿村、郷十津川郷彦根以軍亦陣於坂本予謁裨將談
軍事畢、睡魔攻来、即以薪木為長枕、一衾中、衆相連眠、
深夜監察葛西猶左平太帯命自橋本至、使率兵而陣於戀
野明日山總督發于戀野而至于野山先是浪士降
于藤堂陣而自首云比十六七日長州出天誅之撥兵於
河内、於此加賀陣於金剛山、肥後於梗兵、土佐於住吉、
彦根於堺、近國嚴整大戒故張陣戀野以備不虞
十八日總督以部下登於高野、招諸軍以指麾處分將
自四方壓入於十津川、於此關叅將柴裨將長別將、
各向于十津川、有五十九郷故天誅而為内通鷲坂裨將向於熊野、總

督止而警戍一山、黎明發于中原、而過午至于野山少憩、日暮告別於謌菴其淵而照燭降于不動峻坂、旅衆直之橋本、予至神谷足甚疲乃旅亭宿焉、偶浴仲脚而腫、早起發亭、緩步袖手、顧眄而行、至加年路、玉屋茶亭一酌小憩、午牌至橋本、木禆將既陣於戀野、保田某病愈從至、乃鮮草鞋、寢于旅舍以養疲憊、

廿日朝食發、而至於戀野、路過彦根兵、云銃隊若干人、將至于堺陣直謁木禆將、而見監察淺井甚（埇益殿　助）故屬山總督爲行監察　有故而與長坂某交代　取次舍於牙陣之側、時與仟候使榊原某保以子同居、及夜、處々丘陵燃火以張

疑兵各兵稟承信地、守吏警、
廿一日、九鬼某率小普請郎、至于紀見峠警戍焉、時以
諸藩之兵往還故也、
廿二日、秋雨蕭々、終夜冥朦、南飈吹幕、燎火断々、軍
吏戦士、回各陣警、
廿三日、雨罷、快霽、山々雲澄、霧瘦、容風光可挹、與保田
子謁禅将候起居、羽林郎軍師亦来、共議賊勢、此日
山總督以部兵半撲高野、而至于橋本、将自勢州路、
而至于熊野、即要賊逃路也、
廿五日、有命亦将登于高野、中有故而止焉、時村人挙網

得年魚、遣僕買之、美味極妙、陣中偶得生魚、愛賞咀嚼、
廿六日橋本旅舎亭主某、（攝州茶屋九兵衛）携炙年魚兼佳酒
來、慰勞問予、喜攪火以温酒、與保田子對酌、散欝養鋭
偶醉而臥、共吟葡萄美酒詩、
廿七日山高大丈之捷報至、衆聞而奮起、初大丈經五
條而至于鷲家、井伊之精兵、陣于其前、來告曰賊數
十人、竄匿近渓、倚崩壘之、於是、搶手銃手分探巣穴、
欝林中見有肩輿、叢簇放迫至、賊已出迯、自双草間邱
進列之、賊總裁藤本某（称津之助）也云、又有二人、遠拔劍
來、的場某（称喜一郎 時年十八）棄銃接戦、一不敵二、力盡而遂害

所殺瀬戸某向其一人放發不中相迫接戦、邏騎川上
某（稱郎）七揮長槍追至、躍一刺、遂刎之、其一人振雙刀撃
刺自在、直衝軍監金澤某（稱彌右衛門）陳某在樓賊（攀登階）
而上、人不敢近、或自樓上擲火爐中、稍辟易而退下、川
上某家僕從後一刺、忽僵、叢槍攢刺而刎之、即賊軍
師也云、亦生擒三四人、井伊之兵、亦戰而有功、得首級
二三、生捕若干、時廿五日未時也、火丈遂不至熊野而
歸于樵木、獻捷於京師、
廿八日、故郷之雁信至、只見平安字来省他、小倉某
来訪、即抛而慨然論攸勢、共從膝談時、皆聞水野

大丈以把軍律歸蒙厳罰大爲歎惜、大丈故爵國老上
大丈禄三千、而貶爵二等署大組郎班、削禄千五百石、
嗚呼大丈計策一失、而誹謗百出、損人々倚頼之宿望
聞始天誅黨畏大丈之師軍來曰鬼多門來嘗別
爲備、殊加歎惜且恨不知大丈之歸事件、
廿九日快霽、四山之景殊好、坐賞催吟哦、得兩三句、
午後有小警、一旅戎装以爲備、
十月朔日、宿雨霏々、大霧忽起、咫尺不辨、陣幕
飜風、冬々衾初寒、日夕鄕導某得番臭來、茹潑愉快炙
以愛美味、半夜從柵原某閭匝各陣、原野暗々泥土深

各處疑火、乍滅乍明、寒風陣々、而隣沈々、謁裨将、談 四
事良久、而歸于宿舎、東方曙色明、
二日軍貝師令木某訪來、其善結髪、因偶收了積日鬚
鬢、先是
君公奉命假領和州五條十萬石、此日諸吏受戸籍
云、
三日更軍號牌、初水都督以忠富為號、都督蒙罷、
木裨将即改之以二字為號、監察瀧井某捂藤兵衛
古帶新予與榊原某保田子同往、主僕收舊號、受
之以帶又謁裨将稟事而後過羽林郎陣揖瞭慨

該日落乃與羽林郎同行繞山林幽壑而警灯燈照徑、各自把槍意氣揚々、勢如壯士衝冠、

四日早起、原野濃霜、満境皚白、忽疑非夜雪、日映衆晴光、徐行、至将軍森、有叢祠古木欝蒼、帯刀地士警、大礮居前後、自斯嶮路顛頂、歩富貴道、山水幽雅、吟、胖回視不暇、應接暫踞奇巌、甜憩、掐楓多少、揑染呈艶、清泉横流、聲激如雷、徜徉而回、日落僕提燈迎来、時稍平穏、故有此興趣、

五日曉監察之回撤至、大番郎一隊、先鋒卒二隊、川合善太夫屬下村井彦次郎屬下大小銃午隊、退陣慮野、而警戒於

高野其餘歸于稗府谷羨令匆々而發至橋本時藤
堂之兵亦五條經橋本而躋於高野予即與保田子告别
千木禪將而發行數里足稍疲乃買舟下遊目溥覧舟
中風勝甚如駛如駒隙至名手宿焉
六日雞鳴發棄藍輿疾走至岩手津而徐歩至馬
次腹稍枵饑午食小憩俄而暴雨至長堤蒙襖
衝雨而歸章子出迎日已晡乃脱草鞵投于浴湯與
家人酌酒共慶無恙曩日賊兵大擧攻高取城自
天尊之魄而敗績所在與宮軍戰惟備防之不暇如
群羊遇猛虎徒驚遁跡而已夫然故天之川巣穴之陥

柴山之鋭兵自前直衝、津兵自後至、賊前後受官軍不
敵、敵自縦火牙營而潰、初逃于十津川、亦四面受鋭兵、
遂離散、将侍従中山自十津川郷、與侍士七人遠逃、未知
所在云、於是列藩之兵皆漸退陣、旬後山總督井關
坂西柴山之諸軍、及別部軍、皆相繼振旅、凱歌而歸
前後生擒以十數、習從之徒、盡釋縛而逸、獻其餘囚
於京師
敕使渡邊相模守、東辻因幡權之助、爲十津川郷鎮靜
巡行於和州、偏撫安遇災厄民、米五日、木禆将搴二千
兵、殿而歸于稱府、爾後諸軍之兵、各自上軍功書、天

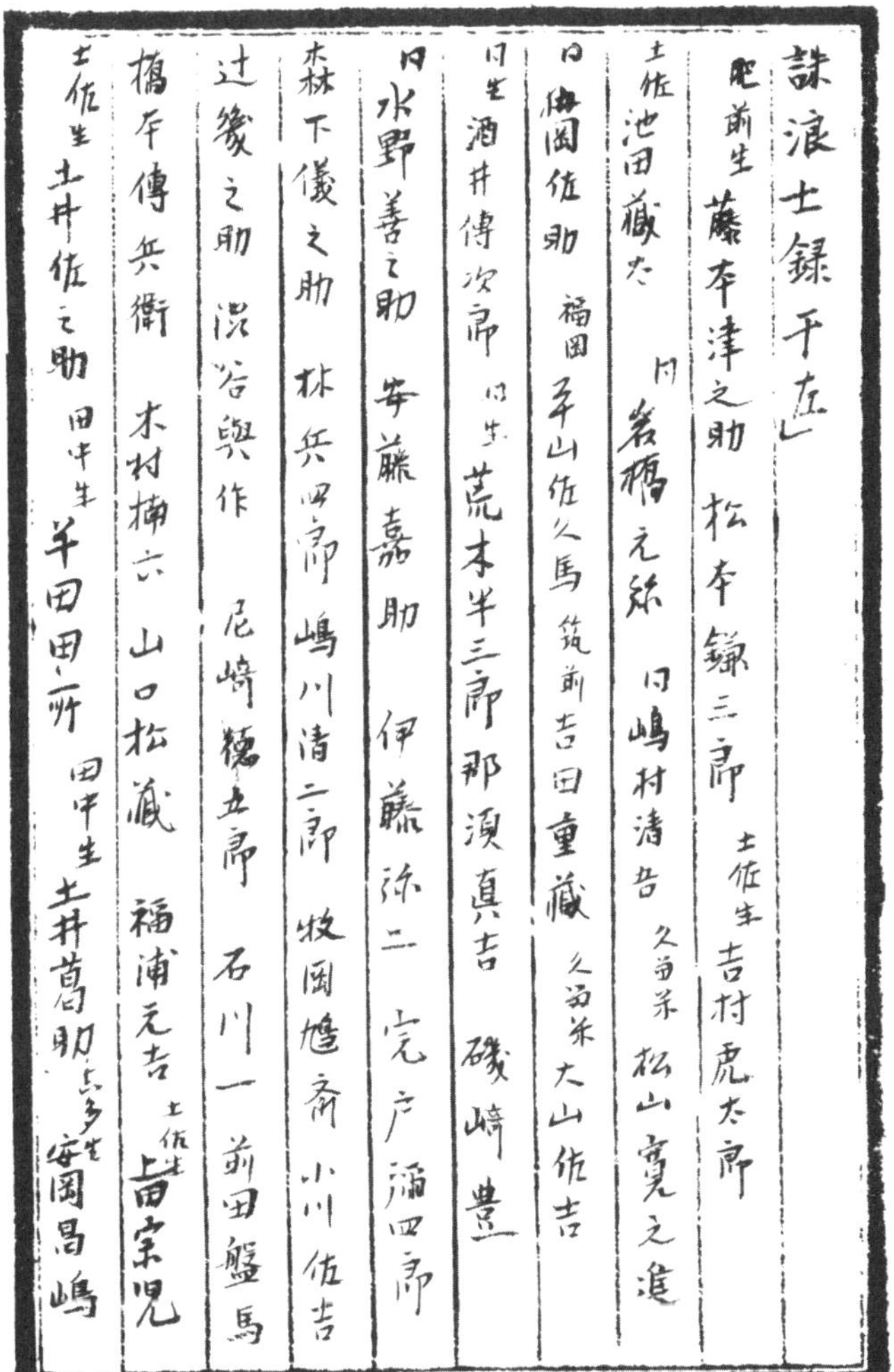
誅浪士録于左

肥前生 藤本津之助　松本鎌三郎　土佐生 吉村虎太郎

土佐 池田蔵太　同 岩橋元綜　同 嶋村清吉　久留米 松山寛之進

同 岡佐助　福田 平山佐久馬　筑前 吉田重蔵　久留米 大山佐吉

同生 酒井傳次郎　同生 荒木半三郎　那須眞吉　磯崎豊

同 水野善之助　安藤嘉助　伊藤孫二　宍戸彌四郎

森下儀之助　林兵四郎　嶋川清二郎　牧岡熊斎　小川佐吉

辻繁之助　渋谷與作　尾崎濃五郎　石川一　前田盤馬

橋本傳兵衛　木村楠六　山口松蔵　福浦元吉　土佐生 上畠宗児

土佐生 土井佐之助　田中生 半田田所　田中生 土井葛助　志多生 安岡昌嶋

士居生 礒嶋永野 以下伍長 中垣鎌三郎 原田亀吉

和田登一 雁田陶司 土佐生 森下兼馬 伊澤国吉 江澤穫八

市川清一郎 永野一郎 保母建 竹本熊雄 水郡栄太郎

嶋村省吾右衛門 同省五郎

鳩首賊營紙旗文

逆賊共ニ中聞候暮府之奸吏共朝命ヲ奉違

背外夷ヲ欺國體ヲ汚シ正義之者ヲ貶竄致シ候段

吾等不戴天之讎敵也依之草莽忠憤之士鳩

合シ義旗一挙シ井伊藤堂之賊兵ヲ退紀州

之弱兵ヲ一炬ニ退候事 皇天皇土之擁護ニ

依所也

自山口至山中驛

軟脚稍疲山口驛 竹籃輿疾走轎夫 譚山中雨霽
秋風冷多少草蟲唧々酬

九月九日發野山至天狗木戲作

九月九日望賊臺 丹心一片報國 杯英雄不厭戰
陣苦野山霜菊呈節來

自今卅轉營中原

何日討平唱凱歌 誰思忠寧銳 花多深山幽壑
中原景紅葉一番滿目霞

浪士征討行

蜂起為亂草莽倫初略五條暴威振據天之川
襟山險陽唱尊王擁縉紳十津川誘為内通以
力假仁縱火エ紀藩征討奉　綸命選將勒兵真
英雄予亦從戎水將軍絶壁横鞭兵自分東伐
南討探賊窟深山幽壑送夕曛腰力涉勤蒼龍氣
壯士衝冠敢果毅沐雨櫛風幾酸辛搏飯一顆
總百味過雁聲悲肅殺秋手披榛棘輕兜鍪所
在決戰皆有獲誰擒侍從黒齒頭
清水其渊子有詩　并誹句
金剛力士大門營法福津田先立名棧道斷來

茲設柵尖峯攀處又飄旌朝揺刀楓色夕着戎
衣聞礮聲勝利寺中千古鏡日輝陣幕護吾兵

女人堂戯ゝ生ふるや姫小松

名をいめて高野に咲や女郎花

あとがき

私の妻充子が生まれ育った実家には、充子の母方の祖母平野春栄さんが同居しておられました。すでに他界していた春栄さんの夫平野豪さんが大阪大学で機械工学の教授をされていたこと、学内にその胸像があること、実家の家は、平野豪さんの教え子達が、春栄さんのために建ててくれた家だということなどを聞いていましたが、春栄さんの先祖のことは何も知らずにいました。

私は、電気工学を学び、東芝に奉職し、日本最初の電子レンジの商品化を皮切りに、大学、官庁その他の顧客の求めに応じていろいろな電波応用機器の開発をしてきた根っからの技術屋です。生来記憶力が乏しかったので、歴史は大の苦手で、歴史からは逃げて回っていました。ところがそんな私が三十五年間の東芝生活を終えた頃、志賀氏の出版された「従軍日録　天誅組　川合梅所」を読む機会を得て、たちまちその虜になりました。従軍日録を書き残した川合梅所が春栄さんの祖父だということから、その日常に親しく接したいという気持ちが沸き起こったのです。

それからの数年というもの、歴史書を読み、辞書・辞典を繰り、図書館通いを繰り返して古地図などを参照し、出張で関西方面に行く機会があると関連する場所を訪れ、母の介護の合間を縫って往復夜行バスで和歌山の市立図書館、県立図書館を訪れたこともあります。このようにして、一冊の学習ノートに書き溜めたものが元になり、この本が生まれました。

この翻訳を通じてたくさんのことを学びました。そのなかで今特に感慨深く私の心を占めていることといえば、明治維新は、薩長の藩主の意志や何人かの英傑だけでもたらされたものではなく、日本全国にまたがる無数の人々が関与した一大ムーブメントだったということであり、また、そうしたムーブメントの思想的基盤を与えたのが国学だったということです。叶うことなら今後国学について勉強したいという気がしています。川合梅所は漢学者ではありましたが、そんな私にも暖かい眼差しを向けてくれているに違いないと思います。

当初、私個人の興味から始まったささやかな従軍日録の研究が、こうして出版に至ったのは、ひとえに文芸社さんのご理解とご支援の賜物であり、とりわけ担当された同社の砂川正臣氏、西村早紀子氏に心からお礼申し上げます。

この本を、亡き妻充子の霊前に捧げます。

令和六年　梅の咲くころ　　山崎浩

訳註者プロフィール

山崎 浩（やまざき ひろし）

昭和11年（1936年）東京市荏原区に生まれる。

佐世保市、呉市、東京都、相模原市、横浜市などを経て熱海市に居住。

㈱東芝にて電波・電子機器の設計・開発に従事。

その後航空システムエンジニアリング㈱にて航空衛星システムの設計に従事。

母親の介護のため無職の時期を経て、日本機械工業連合会にて機械類の安全性に関するIEC国際規格作成に従事。バハイ信徒。

現代語訳　従軍日録
—幕末、紀州の漢学者が歩いた四十八日間—

2024年３月15日　初版第１刷発行

著　者　川合 梅所
訳註者　山崎 浩
発行者　瓜谷 綱延
発行所　株式会社文芸社
〒160-0022　東京都新宿区新宿１－10－１
電話　03-5369-3060（代表）
03-5369-2299（販売）

印刷所　株式会社フクイン

ISBN978-4-286-30083-2